H. Brenske · S. Brenske
P. Maslow

Ikonen
selber malen

Helmut Brenske · Stefan Brenske · Paul Maslow

Ikonen selber malen

Von der Vorlage bis zur fertigen Ikone

AUGUSTUS VERLAG AUGSBURG

CIP-Titelaufnahme der Deutschen Bibliothek

Ikonen selber malen: von der Vorlage bis zur fertigen Ikone/
H. Brenske; S. Brenske; P. Maslow. –
Augsburg: Augustus-Verl., 1990

ISBN 3-8043-2741-9

NE: Brenske, Helmut (Mitverf.); Brenske, Stefan (Mitverf.);
Maslow, Paul (Mitverf.)

Das Buch erscheint mit Unterstützung der „Gemeinschaft der Ikonenfreunde", Hannover
Das Umschlagbild zeigt eine halbfertige Ikone von Helga Sander, Garmisch-Partenkirchen. Umschlagfoto: Richter + Fink, Augsburg
Umschlagentwurf: Klaus Neumann, Wiesbaden
Layout: Anton Walter, Gundelfingen
Lektorat: Michael Schönberger

AUGUSTUS VERLAG AUGSBURG 1990

Gesamtherstellung: Appl, Wemding
ISBN 3-8043-2741-9

Inhalt

Einleitung

HELMUT BRENSKE

Warum sich heute mit Ikonen beschäftigen? Diese Kultbilder der Ostkirche haben Eingang in unsere Wohnstuben gefunden und sie haben sicherlich westlicher Kunst manches voraus:

Ikonen haben zunächst einmal einen künstlerischen und ästhetischen Wert, sie besitzen eine beruhigende, die Meditation fördernde Ausstrahlung, sie sind ein Zeugnis des christlichen Glaubens, dies insbesondere auch durch ihre überzeitliche Stilistik, die sie für die heutige Jugend wie für die nächste und übernächste Generation geeignet macht.

Jede Ikone ist ein thematisch und ikonographisch interessantes Motiv mit vielseitiger Symbolik.

Die Ikone ist aber auch ein Anlaß, sich kunsthistorisch und geschichtlich über die Zeit ihrer Entstehung wie über das zugrundeliegende Motiv zu informieren.

Nicht zuletzt ist sie ein Geschenk mit Niveau für den besonderen Anlaß, sei es ein besonderes Familienfest wie Hochzeit und ähnliches oder auch ein Firmenjubiläum.

Damit ist eine Ikone ein wesentlich vielseitigerer Wandschmuck als ein Gemälde.

Wenn das Ikonenmalen, wie es die russisch-orthodoxe Legende zu berichten weiß, tatsächlich auf den Evangelisten Lukas zurückzuführen ist, dann ist ihre Tradition beinahe 2000 Jahre alt und man darf hoffen, daß sie sich in das 21., vielleicht sogar 22. Jahrhundert fortsetzen wird.

Da uns modernen Zeitgenossen vielmehr Freizeit als unseren Vorfahren zur Verfügung steht, so ist durchaus zu wünschen, diese Zeit mit einem sinnvollen Hobby – z. B. dem Ikonenmalen – auszufüllen.

In diesem Buch wird in allgemein verständlicher Form erklärt, wie eine Ikone mit heutigen Mitteln gemalt werden kann. Das Wissen um den Gegenstand der Malerei, die symbolischen Inhalte, die Traditionen, aber auch das handwerkliche Wissen wird auf den folgenden Seiten erläutert.

Die Tradition der Ikonenmalerei

Eine Ikone wird genau genommen nicht gemalt, sondern – und das ist der Glaube der russisch-orthodoxen Kirche – sie wird geschrieben. Es ist also ein Zeugnis des niedergeschriebenen Glaubens, das uns aus Ikonen anspricht.

Die älteste uns bekannte Ikone ist ein Bildnis des alttestamentlichen biblischen Vaters Abraham, das aus dem 6. Jahrhundert stammen soll. Es ist eine Ikone, gemalt auf einem leichten Zedernholz, auf der der Stammvater in frontaler Ansicht mit weit geöffneten Augen dargestellt ist. Diese Ikone befindet sich heute im Ostberliner Bode-Museum.

Aus der gleichen Zeit stammen auch die ersten Ikonen des Katharinenklosters auf der Südspitze der Halbinsel Sinai. Hier finden sich Christus-Themen und verschiedene Gottesmutter-Darstellungen sowie der Hl. Paulus und andere Heilige. Die Darstellungsinhalte der Ikonen wurden später in sog. Malerhandbüchern gesammelt und aufgezeichnet. Die bekanntesten Vorlagenbücher sind das Stroganov-Malerhandbuch, das Malerhandbuch vom Berge Athos, das Sijskij-Malerhandbuch und das neue serbische Malerhandbuch. Man kann davon ausgehen, daß zahlreiche andere Malerhandbücher existierten, die heute aber nicht mehr vorhanden sind.

Ikonenthemen

In der Ikonographie der Ostkirche sind über 1000 verschiedene Bildinhalte bekannt, die in den Malerhandbüchern vorgeschrieben wurden.

Setzt der heutige westliche Künstler seinen Ehrgeiz in der Malerei darin, auch bekannte religiöse Motive wie die Kreuzigung gemäß seiner eigenen Ausdruckssprache neu zu deuten, so ist dies dem östlichen Maler untersagt. Er hat sich genau nach dem Vorbild und den Vorlagen des Malerhandbuchs zu richten und sein Gemälde danach anzufertigen. Er ist im engeren Sinne deshalb ein Kopist.

Gerade deshalb ist das Studium der östlichen Ikonographie besonders interessant, weil es zum Verständnis der Ikone umfassend Auskunft geben kann. Trotz der Übereinstimmung der Ikonendarstellung eines bestimmten Motivs sind es die feinen Unterschiede, die von künstlerischem Reiz sind. Zu den kunstgeschichtlich nachweisbar ältesten Ikonen des 6. Jahrhunderts, die im Katharinenkloster der Halbinsel Sinai auch die Zerstörung während des ostkirchlichen Bildersturms (723–843 n. Chr.) überdauerten, kamen im Laufe der Jahrhunderte weitere Themen hinzu, die den heutigen Reichtum an Bildmotiven ausmachen. Aus der Fülle dieser Ikonendarstellungen möchte ich nur kurz auf die Muttergottes-Ikonen eingehen, die in ihrem Reichtum und in ihrer Vielfalt alle anderen Ikonendarstellungen überflügeln. Die Schätzungen schwanken zwischen 400–600 verschiedenen Motiven.

Muttergottes-Ikonen

Nirgends wird die innige Verbindung zwischen Mutter und Kind deutlicher dargestellt als auf russischen Ikonen. Diese Wiedergabe des Mütterlichen macht sicher einen Großteil der Wertschätzung und Beliebtheit der Muttergottes-Ikonen aus.

Während italienische Madonnen meist lächeln, ist die russische Gottesmutter durchwegs ernst und streng dargestellt. Die schlichte Form einer Ikone ohne Rahmung, die vorherrschende bräunliche Färbung – meist auf Goldgrund – das alles trägt zweifellos zu der besonderen Ausstrahlung bei, die Muttergottes-Ikonen aus der Gruppe der Ikonen herausheben.

Gewöhnlich trägt die Gottesmutter ein mehrfarbiges Gewand, das aus einem Ober- und Untergewand besteht. Das rötliche Obergewand symbolisiert ihre Eigenschaft als Gottesgebärerin und das blaue Untergewand die Jungfräulichkeit und Menschlichkeit ihrer Wesenheit. Drei Sterne auf ihrem Umhang erinnern an ihre Jungfräulichkeit vor der Geburt, während der Geburt und nach der Geburt. Das Christuskind auf ihrem Arm ist in der Regel erwachsener dargestellt, als man es bei einem Kind dieses Alters vermutet. Mit diesem Stilmittel wird die Göttlichkeit des Kindes noch deutlicher gemacht.

Die am weitesten verbreitete und beliebteste Muttergottes-Darstellung ist die der Gottesmutter von Kazan (die sogenannte Kazanskaja). Diese Ikone ist eng mit der russischen Geschichte verbunden und ihr wurde sogar ein kirchlicher Feiertag bestimmt – der 8. Juli. Eine Kazanskaja erkennt man daran, daß die Gottesmutter nur mit Kopf- und Schulteransatz gezeichnet ist, der Kopf ist leicht zur Christusfigur geneigt, die stehend dargestellt wird.

Neben der Kazanskaja, die besonders im 18. und 19. Jahrhundert in Rußland anzutreffen ist, unterscheidet man weitere folgende vier Grundtypen, nach denen sich die meisten Ikonendarstellungen charakterisieren lassen.

Da ist zunächst die Gottesmutter Hodegitria (die Wegbegleiterin). Charakteristisch ist an dieser Darstellung das Hoheitsvolle und die Strenge der Darstellung von Mutter und Kind. Die Mutter weist mit der rechten Hand auf Christus und blickt aus dem Bild auf den Betrachter. Das Christuskind erteilt mit der Rechten einen Segen. Die Ikone zeigt eine halbfigürliche Darstellung der Gottesmutter.

Eine zweite Grundform ist die Gottesmutter Eléousa oder in russisch Umilenie. Diese Ikone zeigt Mutter und Kind Wange an Wange in inniger Verbindung. Berühmte Varianten dieser Gruppe sind die Gottesmutter von Vladimir (Vladimirskaja), die Gottesmutter von Theodorowsk (Theodorowskaja) und die Gottesmutter von Tolga (Tolgskaja).

Eine dritte Hauptgruppe stellt die Gottesmutter Blachernitissa dar, auch Gottesmutter des Zeichens genannt. Bei dieser Darstellung steht oder sitzt die Gottesmutter aufrecht, beide Hände in betender Haltung. Die Handinnenflächen sind dem Betrachter zugewandt.

Als Abwandlung möglich aber auch als eigenständige Variante der vorgenannten Hauptgruppe kann die letzte Hauptgruppe der Gottesmutter Platytera gelten. Die Gottesmutter wird meist auf einem Thron sitzend dargestellt, das Kind auf dem Schloß. Mutter und Kind sind dem Betrachter frontal zugewandt.

Die Allgegenwart von Muttergottes-Ikonen im alten Rußland belegt den zutiefst religiös geprägten russischen Volkscharakter und die außergewöhnliche Wertschätzung, die Maria als Patronin und Mutter Rußlands im Volk genießt.

Die besondere Beziehung Rußlands zur Muttergottes hat sich bis in das russische Volkslied hinein ausgewirkt. So ist ein berühmtes Lied Bulgakovs bekannt (Große Mutter, feuchte Erde, in dir werden wir geboren, von dir werden wir ernährt, dich betasten wir mit unseren Füßen, zu dir kehren wir zurück, Kinder der Erde, liebt eure Mutter, küßt sie in Verzückung, begießt sie mit eueren Tränen).

Nach russischem Glauben hat jeder Mensch drei Mütter: die eigene Mutter, die Mutter Erde, die ihn nach dem Tode aufnimmt, und die Mutter Gottes, die bei ihrem Sohn Fürbitte leistet und ihn in das Paradies führt.

Dieser Wertschätzung der Muttergottes-Darstellung soll auch ein besonderer Teil dieses Buchs gewidmet sein.

Ikonen heute

Die Ikone, das Kultbild der Ostkirche, hat aufgrund seiner schon genannten Qualitäten auch hierzulande viele Freunde gewonnen.

Als eine Initiative zur weiteren Verbreitung des Wissens über die Ikone und die christlich-ostkirchliche Kultur wurde im Anschluß an die erste Ikonenausstellung in Europa nach dem Kriege 1952 die Gemeinschaft der Ikonenfreunde (GdI) in Hannover gegründet.

In ihr haben sich Ikonensammler und Ikonenmaler zum regen Gedankenaustausch und zu vielfältigen Aktivitäten zusammengeschlossen.

Hierzu gehören die Organisation von Vorträgen, Studienreisen, Ausstellungen, Ikonen-Malkursen etc.

Wer sich über die Tätigkeit dieser Gemeinschaft informieren will, kann Unterlagen abrufen bei der

Gemeinschaft der Ikonenfreunde Hannover – G.d.I.
Machandelweg 11
3000 Hannover 21
Telefon 0511/633667

Ikonenbedeutung und Ikonengeschichte

DR. STEFAN BRENSKE

Der Begriff Ikone leitet sich von dem griechischen Wort für Bildnis – Eikon – ab. Er bezeichnet die geweihten Darstellungen von Heiligen und Szenen aus deren Leben, die mit dem Kultus der Ostkirche verbunden sind.

Die spirituelle Dimension der Ikone

Als Bild ist die Ikone angesiedelt zwischen Visuellem und Transzendentem. Das Ziel der Maler war nicht die Nachahmung der natürlichen Wirklichkeit, sondern die Wiedergabe einer Wahrheit, die jenseits der äußeren Erscheinungsformen liegt. Vor ihnen stand als Auftrag, die göttliche Sphäre durch die Ikone hindurch auf den Gläubigen scheinen zu lassen. Das Kultbild soll ihm das »göttliche Sein« gewissermaßen stellvertretend zur Erscheinung bringen.

Dieses spirituelle Kunstverständnis bedingte Ausdrucksformen, die sich von den naturalistischen Tendenzen der klassischen Antike und der späteren europäischen Kunst deutlich absetzen. Alles wird stark typisiert und abstrahiert. Der Bildraum fluchtet entgegen unserer alltäglichen Seherfahrung nicht im Bildhintergrund, sondern vor dem Bild (sog. »umgekehrte Perspektive«); oft noch durchsetzt mit versatzstückartig kombinierten Architektur- und Vegetationselementen erhalten die Szenerien einen überirdischen Gesamtcharakter, der ausdrückt: hier ereignet sich kein irdisches, sondern ein himmlisches Geschehen.

Die Anfänge der Ikonenmalerei in Byzanz

Seinen Ursprung hatte der Ikonenkult im Byzanz des 4. Jahrhunderts. Das römische Reich war damals in einen östlichen und einen westlichen Teil zerfallen. Konstantin der Große – der erste christliche Kaiser und Wegbereiter des Christentums als Staatsreligion – verlegte seine Residenz von Rom nach Konstantinopel (im Jahre 330) und schuf damit das Zentrum für das später zu großer Macht aufblühende byzantinische Reich.

Die Hauptstadt des neuen Imperiums, die man bald als das »neue Rom« bezeichnete, wurde zur

Antikes Mumienporträt eines Knaben (2./3. Jh. n. Chr.) in Enkaustik-Technik gemalt. Die spätantiken Mumienporträts, wie sie in der ägyptischen Oase Fajum gefunden wurden, werden als eine Wurzel der Ikonenmalerei angesehen. Diese Porträts wurden vermutlich nach dem lebenden Modell gemalt und sollen eine möglichst wirklichkeitsnahe Darstellung des Verstorbenen sein.

Christus Pantokrator (der Allherrscher)
1. Hälfte 6. Jh.

Enkaustik-Ikonen (aus den Sammlungen des Katharinen-Klosters im Sinai)

Wiege der Ikonenmalerei. Von den frühen Zeugnissen dieser Kunst haben sich nur wenige Stükke erhalten. Die ältesten befinden sich im Katharinenkloster auf der Halbinsel Sinai, das heute zu den sehenswertesten Schatzhäusern der Anfänge der Ikonenmalerei gehört. Im Mai 1975 wurde der dortige Bestand noch durch einen sensationellen Fund bereichert. Als bei Bauarbeiten eine Mauer niedergelegt wurde, stieß man auf ein bis dahin unbekanntes Gelaß, in dem man Stapel von Ikonen und 47 verschlossene Kisten fand, die Papyrus- und Pergamentfragmente mit zum Teil biblischen Texten bargen. Wie sich herausstellte, datierten die Ikonen bis in das 4. Jahrhundert zurück, als sich die Ikonenmalerei noch durchweg der Wachsfarbentechnik (Enkaustik) bediente.

Enkaustische Ikonenmalerei

Bei dem enkaustischen Verfahren wurde reines Bienenwachs mit pulverisierten Pigmenten zu einer Paste vermengt. Die einzelnen so gewonnenen Farben waren untereinander nicht mischbar; Halbtöne konnten nur dadurch erzeugt werden, daß man die Pasten in einer Art impressionistischen Technik auf dem Bildträger dicht miteinander verwob. In der byzantinischen Ikonenmalerei ist die Enkaustik vereinzelt noch bis in das 12. Jh. anzutreffen, doch schon seit Beginn des Mittelalters wird sie in zunehmendem Maße durch die Eigelb- und auch Wachs-Tempera bzw. die Ölharzmalerei ersetzt.

Heiliger Petrus, 1. Hälfte 7. Jh.

Die Krise des christlichen Kultbildes

Wenn wir uns heute glücklich schätzen, noch über einige Ikonen aus der Frühzeit zu verfügen, so darf dies nicht darüber hinwegtäuschen, daß es sich bei diesen um einen winzigen Überrest eines einstmals sehr viel größeren Bestandes handelt. Viele der frühen Ikonen sind zugrundegegangen, und zwar nicht erst im Laufe der Jahrhunderte, sondern schon relativ bald nach ihrem Entstehen, während jener schweren innenpolitischen Krise, die als »byzantinischer Bilderstreit« (726–843) in die Geschichte eingegangen ist und einen verheerenden Vernichtungssturm auf die frühchristliche Bildwelt ausgelöst hat.

Ansätze zu dieser Katastrophe bildeten sich bereits im 4. Jahrhundert heraus. Schon in seinem Anfangsstadium war der Bilderkult bei bestimmten konservativen Kreisen der Kirche auf große Gegnerschaft gestoßen. Man berief sich auf das alttestamentliche Gebot »Du sollst Dir kein Bildnis machen» und rückte die Hinwendung zu den christlichen Bildern in die Nähe von Götzenanbetung. Dies konnte jedoch die große Verbreitung der Heiligenbilder nicht aufhalten. Es entspricht der natürlichen Sehnsucht des Menschen, sich von dem, was er verehrt, ein Bildnis zu schaffen. Für die Griechen war es selbstverständlich, ihre Götter in Bildnissen darzustellen – man denke an die große Menge noch heute erhaltener Plastiken. Es genügte ihnen nicht, ihre Verehrung einer immateriellen Macht kundzutun, deshalb schufen sie sich Bildnisse, auf die sie ihre kultischen Handlungen unmittelbar beziehen konnten.

Die frühen Christen standen ihren kulturellen Vorfahren zu nahe, als daß sie die antike Bildbezogenheit hätten abstreifen können. Im 6. Jahrhundert gehörten Ikonen nicht mehr nur zum kirchlichen, sondern längst auch zum alltäglichen Leben. Die dargestellten Heiligen waren für den Gläubigen mit der Ikone gleichsam persönlich anwesend, weshalb man Ikonen überall dort begegnete, wo der Beistand der himmlischen Macht erforderlich war: auf öffentlichen Plätzen, in Straßen, an Toren – um den Schutz der Stadt und ihrer Bürger zu gewährleisten – ebenso wie in der privaten Sphäre des Hauses, um Unheil und Leid von der Familie fernzuhalten.

In leidenschaftlichen Plädoyers verteidigten sich die Fürsprecher des Bilderkultes gegen seine Feinde, wobei sie die unersetzliche Funktion der Bilder hervorhoben, den Menschen ein anschauliches Vorbild an Rechtgläubigkeit und christlicher Tugendhaftigkeit zu geben.

Die Ikonostase trennt den Gemeinderaum (Naos) vom Altarraum (Bema) und ist eine Verbindung zwischen der realen und transzendenten Welt.

Sieben Kuppeln mit Kreuzen und Szenen aus der Passion Christi

Vorväterrang mit den alttestamentlichen Gestalten von Adam bis Moses

Prophetenrang mit den Gestalten der Zeit von Moses bis Christus

Deesis-Fürbitte-Rang mit Maria, Christus und Johannes des Evangelisten im Gestus der Fürbitte vor Christus erweitert um Apostel, Erzengel und Kirchenlehrer

Festtagsrang mit den großen Festen des Kirchenjahres (Dodekaortion)

Orts- oder Verehrungsrang für die unmittelbare Begegnung und Verehrung der Ikonen durch die Gläubigen

Die untere Bildreihe mit Darstellungen aus dem Leben der Gottesmutter und Christi

Schema einer mit fünf Rängen (Jarusy) ausgebildeten russischen Ikonostase (Bilderwand)

Tür zum Rüstraum (Prothesis, Sakristei)

Tür zum Altar (Königs- oder Zarentür)

Tür zum Diakonikon

Die große Popularität, die die Bilderverehrung gewann, führte – neben hier nicht eingehender zu betrachtenden innenpolitischen und wirtschaftlichen Spannungen – im 7. und 8. Jahrhundert zu einem drastischen Anwachsen bilderfeindlicher Stimmungen. Kaiser Leon III. brachte diese ab 727 schließlich zur Eskalation, indem er den Bilderverehrern den Kampf ansagte und seine Soldaten zur Vernichtung der »Götzen« ausschickte.

Das konsequente Nein des kaiserlichen Hofes zum Bilderkult sollte fortdauern, bis unter der überzeugt bilderfreundlichen Mutter Konstantins IV., Irene, die ihren unmündigen Sohn auf dem Thron vertrat, 787 das II. Konzil von Nicaea einberufen wurde. Dort wurden die Bilder als dem Glauben außerordentlich förderlich herausgestellt. Trotzdem kam es zu einem erneuten Umschwung: Die politische Entwicklung stellte sich gegen die Kaiserin und ihre späteren Nachfolger und ebnete den bilderfeindlichen Kräften im Reich erneut den Weg. Erst 842/43, als die bilderfreundliche Theodora die Regierungsgeschäfte übernahm, gelang die endgültige Rehabilitation der Bilderverehrung und ihrer Anhänger.

Ikonenglaube

Die Frömmigkeit der Ostkirche ist ein besonders schwieriges Forschungsgebiet, nicht zuletzt deshalb, weil orthodoxe Glaubenselemente häufig eng mit Aberglauben einhergehen. Grundsätzlich ist festzustellen, daß Formen der privaten Frömmigkeit von derselben Bedeutung sind, wie die der offiziell-kirchlichen. Wesentlicher Teil eines orthodoxen Haushalts ist die »schöne Ecke« (wie sie in Rußland heißt) mit mehreren dicht an dicht gehängten Ikonen, vor der die private Andacht abgehalten wird. In der Kirche nehmen die Ikonen ihren Platz über den Heiligengräbern oder innerhalb der Ikonostase ein, jener von drei Eingängen durchbrochenen Abschrankung, die das Allerheiligste vom Gemeinderaum trennt. Sie besteht aus einem mehr oder minder reich verzierten hölzernen Gerüst, in das Ikonen – zum Teil auswechselbar – eingesetzt sind, so daß eine regelrechte »Bilderwand« entsteht. Darüberhinaus können Ikonen auch auf besonderen Standpulten zur Verehrung ausliegen.

Die Verehrung des Bildes drückt sich auf verschiedene Weisen aus. Die wichtigste ist der Kuß, eine Kultformel, bei der die Absicht eine Rolle spielen mag, etwas von der Wunderkraft des Dargestellten in sich aufzunehmen. Weitere Formen sind die Proskynese (Verbeugung oder Fußfall) in Einheit mit einem Gebet, das Aufstellen brennender Kerzen vor dem Bild und die Verbrennung von Weihrauch. Seltener sind die Salbung der Tafel mit wohlduftendem Öl und seine rituelle Waschung sowie die Bekleidung mit Tüchern. Es kann auch vorkommen, daß ein Bild zum Paten erkoren wird, wie überhaupt Ikonen oft Objekt einer starken Personifizierung sind. Dies drückt sich in den vielen Wunderlegenden über ihr Wirken aus: Die Bilder heilen Kranke, verhelfen zur Schwangerschaft, strafen Übeltäter, bluten, wenn sie beschädigt werden, schützen ganze Städte usw. In diesen Zusammenhang gehört auch die Nachricht, wonach einzelne Gläubige ihre Ikonen umdrehten, wenn sie Unmoralisches taten.

Die Verbindlichkeit des Formenkanons

Gemessen an der Entwicklungsgeschichte der westlichen mittelalterlichen Heiligenmalerei mag die Ikonenmalerei manchmal als erstarrt und entwicklungsunfähig erscheinen, denn es fällt auf, daß sich einmal gefundene Kompositions- und Figurentypen über die Jahrhunderte hindurch vergleichsweise wenig verändern. Wer so urteilt, wird der Ikonenkunst nicht gerecht.

Das Festhalten an einem für alle verbindlichen Formenkanon ist dem orthodoxen Maler eine heilige Pflicht, die sich aus den elementaren Grundfesten seines Glaubens ableitet. Auf dem oben erwähnten II. Konzil von Nicaea wurden die für die späteren Ikonenmalerei verbindliche Auffassung formuliert, wonach das Abbild eines Heiligen durch seine Ähnlichkeit mit dem Urbild geistig verbunden ist. »Wer vor dem Bild das Knie beugt, beugt damit das Knie vor der Person des Dargestellten«, hieß es.

Acheiropoieten

Mit anderen Worten: da die Ikone für den Gläubigen eine Art Medium war, durch das er mit dem Urbild in Verbindung treten konnte, mußten die Maler in Formen- und Farbwahl möglichst dicht dem Urtypus folgen. Nicht selten handelte es sich bei dem Urbild um einen der Acheiropoieten (sinngemäß übersetzt: nicht von Menschenhand gemacht), also einen jener authentischen Portraits, die durch ein Wunder entstanden sein und über wundersame Kräfte verfügen sollen. Das berühmteste Bildnis dieser Art ist das Mandylion (im Westen bekannt als das

Das Mandylion, Prototyp einer Acheiropoieten-Ikone, von der der Gläubige annimmt, daß das Urbild »nicht von Menschenhand geschaffen wurde«. Diese Ikone stammt aus der Hand der Laienkünstlerin Waltraud Kurz aus Braunfels/Lahn.

»Schweißtuch der Hl. Veronika«). Die Vorstellung, daß sich bei der Nachschöpfung eines solchen Acheiropoietos die Kräfte des Originals auf seine Kopie übertragen, führte dazu, daß diese Typen wieder und wieder reproduziert wurden.

Die Maler

Das Malen der heiligen Ikonen (der orthodoxe Gläubige spricht mit Hinblick auf die biblischen Inhalte vom »Schreiben« einer Ikone) galt in der Ostkirche als Gottesdienst. Nicht jeder durfte Ikonen schaffen, sondern es gab strenge Forderungen, die die Maler zu erfüllen hatten. Überliefert etwa ist: »Der Maler soll friedliebend, demütig und fromm sein. Er soll nicht leicht reden oder Späße machen, nicht streitsüchtig oder gehässig sein.«

Da der Meister in der Regel hinter sein Werk zurücktrat und dieses nicht signierte, kennen wir nur wenige Ikonenmaler mit Namen. Im allgemeinen waren es Mönche einer klösterlichen Malschule.

Die Vorlagen

Relativ eingehend sind wir über den eigentlichen Herstellungsprozeß unterrichtet. Die Ateliers hatten sich an strenge Vorschriften zu halten, die oft in sogenannten Malerhandbüchern festgehalten waren. Diese enthielten für die einzelnen Darstellungen detaillierte Beschreibungen des Malvorgangs, vom Anlegen der Vorzeichnung bis hin zum Auftrag der einzelnen Farben sowie Rezepte zur Herstellung der vielen benötigten Materialien. Einige dieser Anleitungen bestanden nur aus Text, andere beinhalteten Zeichnungen, die die Maler nur noch auf ihre Tafel zu übertragen brauchten.

Vorzeichnung zum Fest der »Darstellung Jesu im Tempel« aus dem Ende des 16., Anfang des 17. Jh. entstandenen Stroganow-Malerhandbuch. Die seit dem 8. Jh. nachweisbare Ikonographie stellt die Begegnung Christi mit Symeon und der Prophetin Hanna dar.

Hll. Apostel

Hll. Metropoliten Joann und Filipp von Moskau

Apostel und Propheten

Hll. Basilius der Große (rechts) und Nikolaus der Wundertäter

Vorzeichnungen von Figuren aus dem Anfang des 17. Jh. entstandenen Sijskij-Malerhandbuch

Das Material

Wenn man heute allgemein von der Ikone als bemalter Holztafel ausgeht, so mag dies in Hinblick auf die große Zahl von erhaltenen Ikonen aus der spät- und nachbyzantinischen Zeit zutreffen, es stimmt aber nicht für die früheren Jahrhunderte. So wurden noch zur Zeit der makedonischen Dynastie (867–1056) Ikonen in ganz anderen Techniken und Materialien geschaffen. Erhalten haben sich etwa Mosaik-Ikonen und Ikonen, bei denen Gold, Silber, Edelsteine und Elfenbein Verwendung fanden. Ein sehr beliebtes Ausdrucksmedium war auch das Cloisonnée-Email (Zellenschmelz-Verfahren).

Russische Ikonen

Ausgehend von Byzanz verbreitete sich die Ikonenkunst auf andere christianisierte Völker. Es entwickelten sich zahlreiche Schulen, die die byzantinische Formensprache übernahmen und in eigene stilistische Bahnen lenkten.

Der bedeutendste Ableger byzantinischer Ikonenkunst entstand in Rußland, dessen offizielle Christianisierung sich 1988 zum tausendsten Male jährte. Nicht lange nach der »Taufe« Rußlands entstanden in Kiew, Vladimir, Suzdal und Jaroslawl eigene Ikonenschulen, die das neue Glaubensreich mit entsprechenden Kultbildern nach byzantinischem Vorbild versorgten.

In Kiew, das etwa um 1070 mit eigenen Ikonen hervortrat, wurden Tafeln mit ganz eigenem Charakter geschaffen, die sich von der Malweise der byzantinischen Mutterkirche vergleichsweise deutlich absetzten und später großen Einfluß auf andere Schulen nahmen. Bekannt ist die Kiewer Schule vor allem durch den heiligen Malermönch Alimpij, der im 11. Jahrhundert dem Kiewer Höhlenkloster angehörte.

Als die Macht der Kiewer Rus dahinschwand, gewann Nowgorod mehr und mehr an wirtschaftlicher Bedeutung und entwickelte sich auch kulturell zu einem bedeutenden Zentrum. Die Maler bevorzugten hier ein besonders leuchtendes und helles Kolorit, in dem Rot vorherrschte.

Die Schule in Vladimir und Suzdal erlebte um die Mitte des 13. Jahrhunderts seine Blüte mit Ikonen einer besonders ausgeprägten Eleganz, in der sich der Geschmack der herrschenden Aristokratie niederschlug.

Im 15. Jahrhundert verschmolz die Vladimir-Suzdal-Schule mit der von Moskau. Dort wirkten die beiden bedeutendsten Maler, die die russische Ikonengeschichte kennt: Feofan Grek (= Theophanes der Grieche), der 1395 nach Moskau kam, und Andrej Rubljow, dem Vorbild aller späteren russischen Ikonenmaler, der zeitweise mit Feofan Grek zusammenarbeitete.

Der Grieche, von dem sich mehr Wandmalereien als Ikonen erhalten haben, schuf Bilder von einer unerhörten Ausdruckskraft, deren Figuren durch ihre enorm überlängten Proportionen und dynamischen Gewandführungen ein nicht zu überbietendes Maß an Expressivität ausstrahlten. Rubljow hat es in meisterhafter Weise verstanden, mit Farben umzugehen und sie wie ein Schleier zu benutzen, der den Gegenständen ihre Schärfe nimmt. Unter den zahlreichen Schülern, die er um sich versammelt hatte, erlangte insbesondere Dionissij Berühmtheit, der seine Szenen durch eine manierierte Eleganz zu besonderer feierlicher Eleganz führte.

Später, im 17. Jahrhundert, drangen westliche Tendenzen in die russische Ikonenmalerei ein. Im Zuge eines stark angewachsenen höfischen Repräsentationsbedürfnisses hatte man westliche Künstler an den Moskauer Zarenhof gerufen, um ausgewählte russische Kräfte in die Techniken westlicher Profankunst einzuweisen. Ungeachtet der heftigen Proteste der Geistlichkeit kam es bald zu einem direkten Einfluß der von den ausländischen Meistern vertretenen Barockmalerei auf die kirchliche Tafelmalerei. Einige Ikonenmaler waren fasziniert von dem lebensnahen Ausdrucksvermögen ihrer westlichen Kollegen und suchten diese Kunstweise auf die Ikonenmalerei zu übertragen, etwa indem sie den Heiligen rundlich-süßliche Gesichter in Raffael-Manier gaben. Dagegen formierte sich eine Gegenbewegung konservativer Maler, die die neuerlichen westlichen Tendenzen in der Ikonenmalerei als Frevel verurteilten und eine Rückkehr zu Ikonenmalerei Andrej Rubljows und seiner Vorgänger forderte. Sie gründeten nordöstlich von Moskau eigene Werkstätten, die sogenannten Altgläubigen- oder auch Raskolniken-Ateliers. Geleitet von dem Streben nach einem Maximum an Qualität, zerlegten sie den Herstellungsprozeß einer Ikone in mehrere Teile, die jeweils von einem Spezialisten ausgeführt wurden. Der eine machte den Umriß, der andere malte die Gesichter, ein dritter arbeitete die Bekleidung aus, ein vierter machte die Aufschriften usw.

Ohne es vorauszusehen leisteten sie damit einer Entwicklung Vorschub, die die Ikone im Zuge einer gegen Ende des 19. Jahrhunderts enorm angewachsenen Nachfrage zu einer Art Fließbandprodukt degradierte. Maxim Gorki hat am besten beschrieben, wie es kurz nach 1900 in den Altgläubigen-Werkstätten zuging: »Das Bildermalen macht keinem der Maler eine beson-

Europäischer Teil Rußlands mit den wichtigsten Ikonenschulen und Klöstern

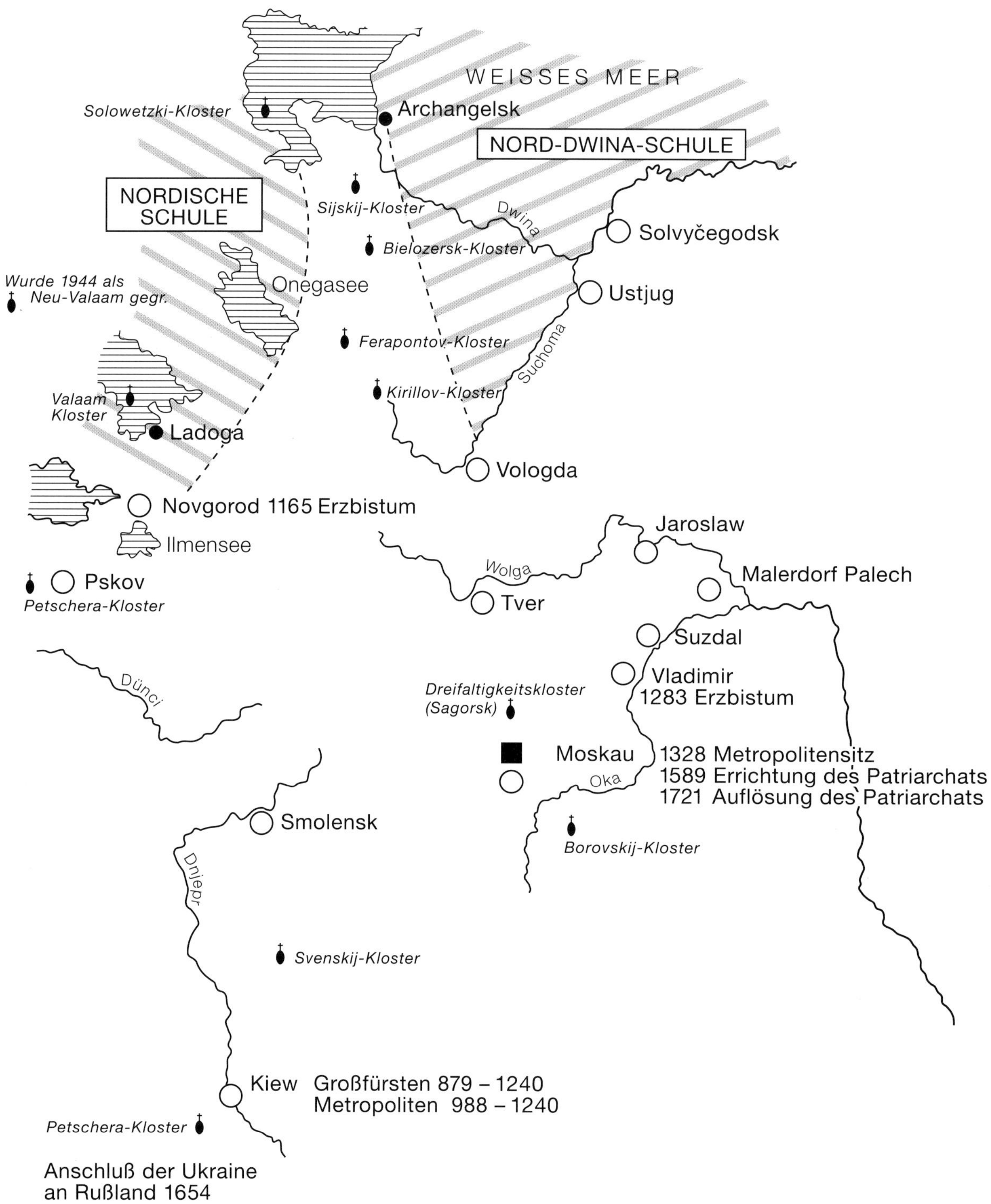

Nord-Dwina-Schule = Gebiet östlich der Linie Vologda bis Archangelsk

Nordische Schule = Gebiet nordöstlich von Novgorod bis an die Küsten des Onegasees und des Weißen Meeres

Erläuterungen:
Klöster = ♁
Ikonenschulen = ○

dere Freude; irgendein böswilliger Weiser hat die Arbeit in eine ganze Reihe langweiliger Verrichtungen zerschlagen, die keine Liebe zum Werk und kein Interesse dafür aufkommen lassen. Der schielende Tischler Pamfil, ein böser, spottsüchtiger Mensch, bringt die von ihm zurechtgehobelten und zusammengeleimten Tafeln verschiedenen Formats aus Zypressen- oder Lindenholz; sein Genosse Sorokin trägt den weißen Kitt aus Kreide und Leim auf; Miljaschin führt die Zeichnung nach dem Original aus; der alte Gogolew bringt die Vergoldung an und prägt das Muster auf das Gold auf; die »Kleidermaler« führen die Landschaft und die Kleidung auf den Bildern aus; dann steht es, ohne Gesicht und Hände, an die Wand gelehnt da und wartet, bis der Gesichtsmaler es vornimmt. Hat der Gesichtsmaler das Fleisch hingemalt, so kommt das Bild in die Hände des Meisters, der auf dem Muster der Ziselierung das Email aufträgt. Die Schrift wird gleichfalls von einem besonderen Arbeiter ausgeführt, und das Lackieren besorgt dann der Vorsteher der Werkstatt (...)« (aus: Maxim Gorki, Unter fremden Menschen, Ausgewählte Werke V, Berlin 1946, S. 291 ff.)

1917 setzte die Revolution der gesamten russischen Ikonenmalerei ein jähes Ende. Die Ikonenmaler wurden in den Dienst des Staates gestellt und durften fortan nurmehr weltliche Themen ins Bild setzen.

Die Schule von Kreta

Neben Rußland gab es noch andere Zentren orthodoxer Ikonenmalerei außerhalb des byzantinischen Reiches. Ein Beispiel ist Kreta. Die Schule entstand, als zur Zeit der türkischen Eroberung viele Künstler aus Konstantinopel auf die damals zu Venedig gehörende Insel flohen. Den engen Beziehungen der Insel zur Lagunenstadt verdankt die kretische Schule das sehr frühe Eindringen von westlichen naturalistischen Elementen, denn die Künstler kamen, dadurch bedingt, zur Zeit der Renaissance häufig mit Kunst aus dem Adria-Raum in Berührung.

Da die kretischen Maler ihre Werke in der Regel signierten und datierten sind uns viele Meister namentlich bekannt. So wissen wir auch, daß El Greco aus ihrem Kreis hervorging und zunächst auf Kreta Ikonen malte, bevor er von Tizian in Venedig in die westliche Malkunst eingeführt wurde.

Die Athos-Klöster

Die kretische Schule hat wiederum ein anderes sehr wichtiges Zentrum byzantinischer Ikonenmalerei beeinflußt, nämlich die Ateliers der Mönche vom Athos. In der noch heute ausschließlich von Männern betretbaren Region auf der griechischen Halbinsel Chalkidike fungieren 20 Gebirgsklöster als Hüter des orthodoxen Kultes und seiner Malerei. Seit der ersten Klostergründung im Jahr 963 sammelte sich hier ein einzigartiger Kunstreichtum an, vornehmlich illuminierter Handschriften und Ikonen. Einen eigenen Stil haben die Mönche nicht hervorgebracht, allerdings gebührt ihnen das große Verdienst, bis heute dafür zu sorgen, daß die ikonographischen und herstellungstechnischen Traditionen der byzantinischen Ikonenmalerei am Leben bleiben.

Balkan-Ikonen

Eine weitere große Gruppe bilden die Ikonen des Balkan. Hier standen die einzelnen Schulen stets in regem Austausch miteinander und es ist deshalb nicht immer leicht, die verschiedenen Provinienzen zu unterscheiden. Nur Rumänien sondert sich zeitweise in bestimmten Regionen durch eine signifikant westlich beeinflußte Malweise von den anderen ostkirchlichen Balkanstaaten Bulgarien, Serbien und Makedonien (gehört heute zu Jugoslawien) ab.

Auch wenn in vielen Ländern der orthodoxe Glaube von staatlicher Seite stark zurückgedrängt worden ist und das Malen von Ikonen nur noch an wenigen Orten weitergeführt wird, so bestehen Ikonenglaube und Ikonentradition auch heute noch weiter fort. Ein jüngstes Beispiel hierfür sind die Feierlichkeiten, mit der die Athener im November 1987 die »Panagia« in Empfang nehmen. Die Muttergottesikone aus dem 8./9. Jahrhundert brachte man aus Anlaß eines Besuches des »Ökumenischen Patriarchen von Konstantinopel« in die Hauptstadt, wo sie nicht nur von kirchlicher, sondern auch von staatlicher und militärischer Seite mit Ehrerbietungen überhäuft wurde, wie sie selbst bei Staatsempfängen nicht zu sehen sind.

Praktische Ikonenmalerei, Werkstoffe und Maltechniken

PAUL MASLOW

Einführung

Stammen auch die meisten heute im Kunsthandel angebotenen neuen »handgefertigten« Ikonen aus Griechenland und dem Nahen Osten, so werden auch heutzutage immer noch Ikonen in Rußland gemalt, z. B. in der Moskauer und Leningrader geistlichen Akademie, im Dreifaltigkeitskloster (Sergij) in Sagorsk, im Danilow-Kloster in Moskau, in der Werkstatt des Moskauer Patriarchats in Solfrino und der Tichwins-Kathedrale in Moskau.

Das alte Rußland hat auf dem Gebiet der Ikonenmalerei die reichste Tradition aufzuweisen, deshalb will ich mich im folgenden mit der Ikonenmalerei in Stil und der Tradition altrussischer Ikonen beschäftigen.

Die altrussische Maltechnik ist durch neue Materialien wesentlich erleichtert worden. Deswegen wird dem Leser nicht nur die herkömmliche Maltechnik vorgestellt, sondern es sind auch alle Vereinfachungen und Erleichterungen erwähnt, wie sie durch moderne Entwicklungen auf dem Gebiet der Malmaterialien und Werkstoffe möglich wurden. Ich möchte hier nur auf die fertigen Eitemperafarben in Tuben verweisen, die das umständliche Selbstansetzen der Farben entbehrlich machen, und die praktische Tischlerplatte als Bildträger, die sich gegenüber Vollholz, dem traditionellen Bildträger, dadurch auszeichnet, daß sie sich bei klimatischen Veränderungen nicht verwirft.

Auf den folgenden Seiten kann sich also der ambitionierte Ikonenmaler mit den traditionellen Maltechniken und Werkstoffen genauso vertraut machen wie mit den modernen.

Über die Beherrschung des rein Handwerklich-Technischen hinaus geht es aber schwerpunktmäßig um das Verständnis der überkommenen Bildinhalte, um die Kenntnis der Prinzipien und kanonisierten Formen und Farben, hinter denen sich eine reiche Ikonographie (Lehre der Inhalte der Ikonen) und Bildsymbolik verbirgt. Auch um die Vermittlung dieses Fachwissens, ohne das keine »echte« Ikone entstehen kann, soll es nachfolgend gehen.

Das Kapitel ist in Anlehnung an den zeitlichen Ablauf einer Ikonen-»Schreibung« gegliedert. Es beginnt mit der Auswahl und Vorbereitung eines geeigneten Bildträgers und endet mit der »Olifa«, dem Auftragen eines Endfinisses oder einer anderen Schutzschicht auf die vollendete Ikone.

Werkzeuge und Materialien

Zur Grundausstattung einer Ikonen-Werkstatt gehören ein Pinselsortiment, Zirkel, Ziehfeder, Bleistift und Minenstift, Kopiernadel und eventuell ein Polierstab für Goldpolitur. Die Funktion dieser einzelnen Arbeitsgeräte wird in dem Kapitel beschrieben, in denen es um die sie betreffenden Arbeitsschritte geht. Das gleiche gilt für die verwendeten Farben und sonstigen Verbrauchsstoffe.

Vorab nur ein paar Informationen, damit man beim Kauf und der Verwendung der Pinsel, unserem Hauptabeitsgerät, keine Fehler macht:

Pinsel gehören zu den wichtigsten Malgeräten der Ikonenmalerei und bedürfen nach Gebrauch besonderer Pflege. Man benötigt spitze und flache Pinsel bester Qualität und unterschiedlicher Größe, wie sie auch in der Aquarellmalerei benutzt werden. Ihre Größe richtet sich nach dem zu malenden Detail eines Motivs. Marderhaarpinsel in den Größen 0 bis 2 und Haarpinsel 3, 5 und 8 sind am gebräuchlichsten. Es gibt Pinsel aus Marder-, Eichhörnchen-, Wiesel- und Iltishaaren. Auch Japanpinsel mit feinen Spitzen sind bestens geeignet. Jeder Maler sollte sich ein kleines Sortiment verschiedener Arten und Größen anschaffen.

Teuer, aber ausgezeichnet und unübertroffen sind die von Hand gefertigten echten Kolinsky-Zobel-Pinsel. Sie sind aus den Schwanzhaaren des wilden Zobels aus Sibirien oder Korea hergestellt und in Größen von 0 bis 14 im Fachhandel erhältlich.

Pinsel sollten sofort nach Gebrauch mit Pinselreiniger oder Testbenzin gereinigt, mit Seife (Kernseife) nachgewaschen und das Pinselhaar mit Glyzerin leicht befeuchtet werden. Bei neuen

Zeitlicher Arbeitsablauf bei der Anfertigung einer Ikone

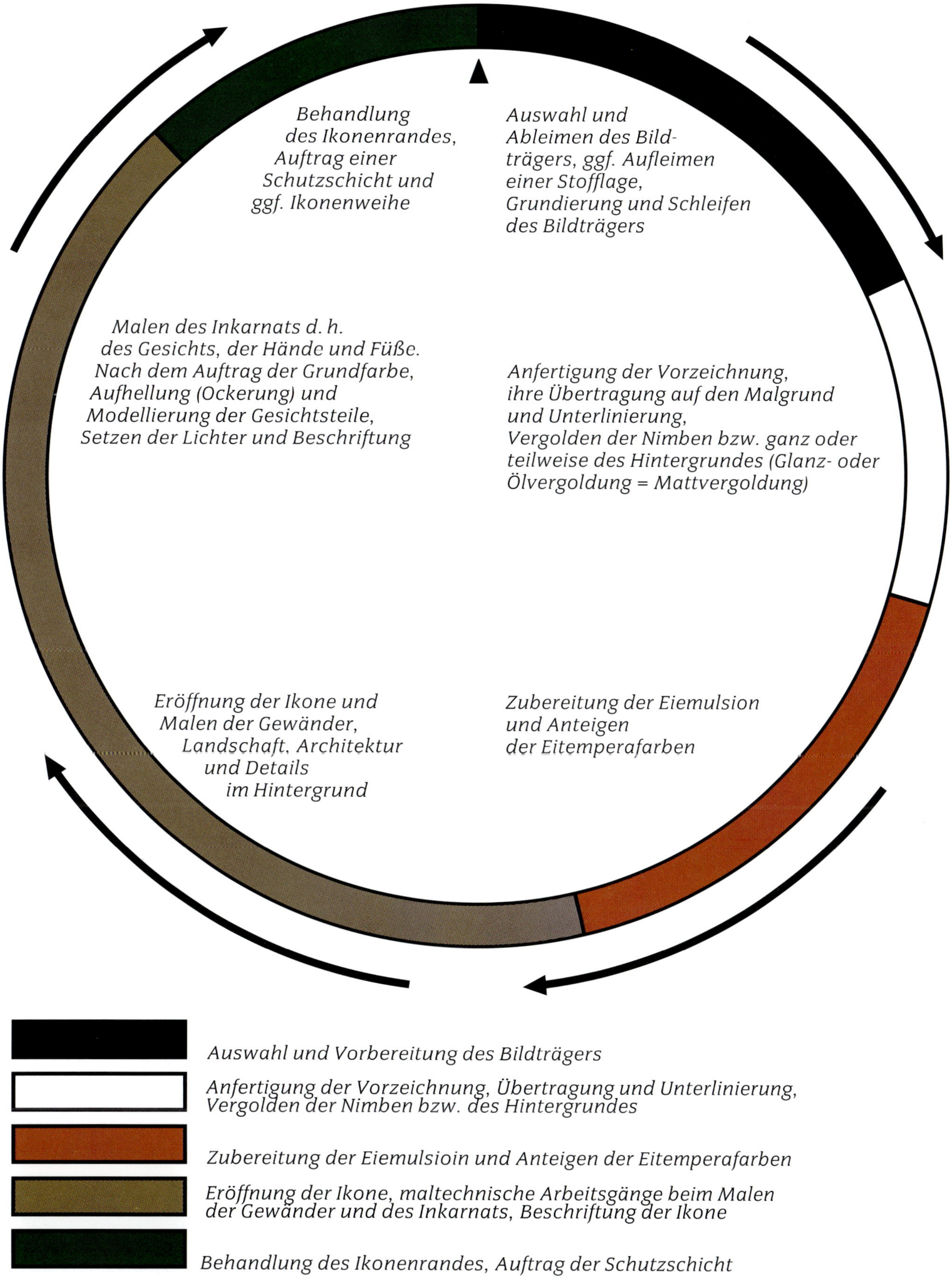

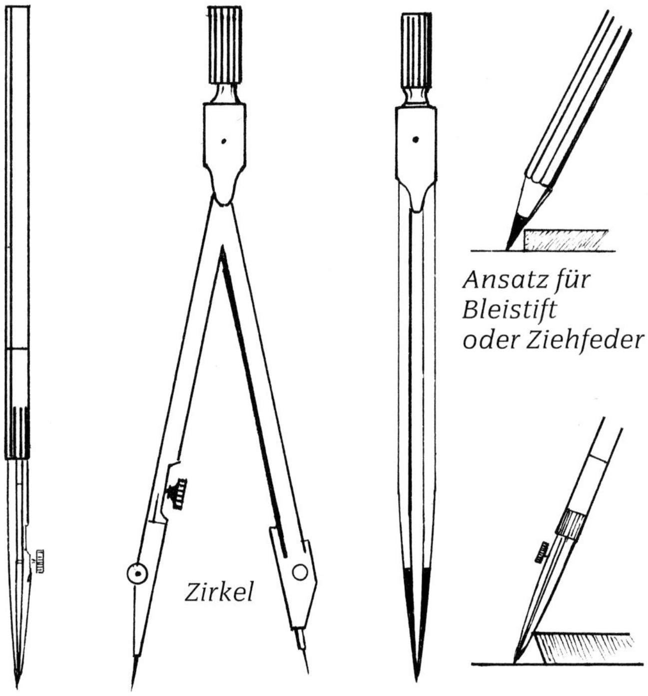

Reiß- oder Ziehfeder für Tusche oder Farbe

Stechzirkel für Nimben

Synthetische Pinsel
Die Pinselspitze besteht aus synthetischen Fasern, meist Nylon oder Polyester. Je nach verwendetem Material besitzen diese Pinsel eine sehr unterschiedliche Qualität. Deshalb sind sie nur bedingt empfehlenswert.

Von der Pinselführung hängt der Farbauftrag auf dem Malgrund ab. Um breite, feine oder lange Pinselstriche auszuführen und Flächen mit Farbe zu bedecken, muß genügend Farbe aufgenommen werden. Aus dem Handgelenk ausgeführte Pinselstriche sehen meist gezwungen und steif aus. Die Breite des Pinselstrichs ist von der Haarlänge des Pinsels und dem ausgeübten Druck abhängig. Zur Erleichterung der Pinselführung und Entspannung der Hand hat sich eine Handstütze bewährt. Man kann sie leicht selbst herstellen.

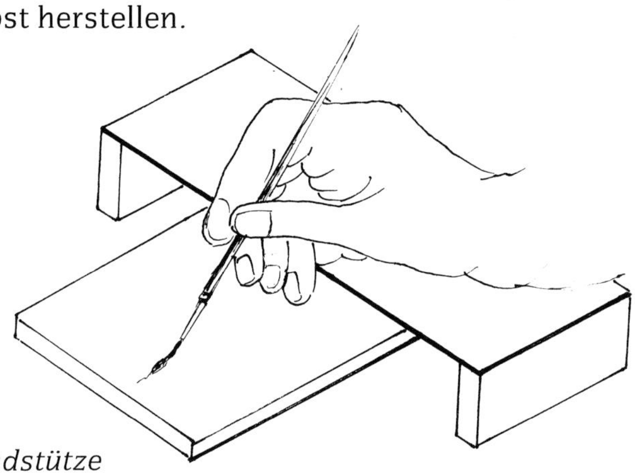

Handstütze

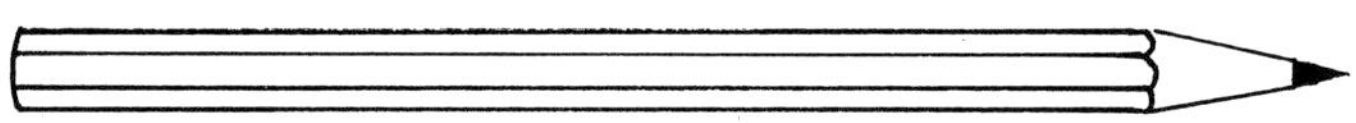

Bleistift von 8 B bis 4 B

Halter mit Minen 0,3, 0,5 und 0,7

Kopiernadel für Graf'ja

Polierstab zum Polieren des Glanzgoldes

Pinseln ist das Haar noch geleimt, sie müssen vor Gebrauch im Seifenwasser ausgewaschen werden. Pinsel lassen sich schonend in einer Pinselmatte oder in einem weithalsigen Gefäß mit den Spitzen nach oben aufbewahren.

China-Pinsel
Sie bestehen im allgemeinen aus Ziegen- und Dachshaar mit einer feinen Spitze.

Rotmarderpinsel

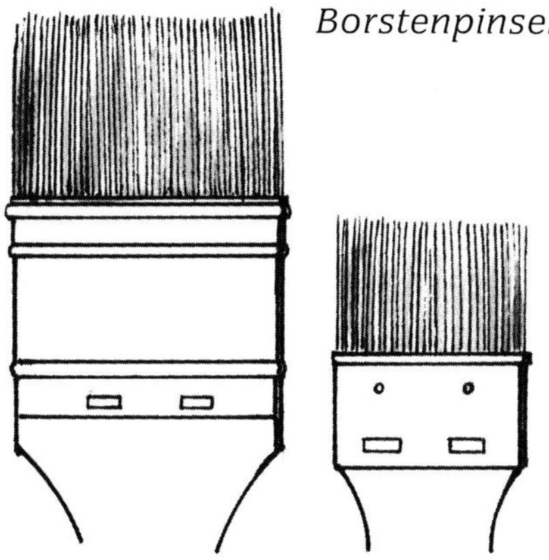

Borstenpinsel

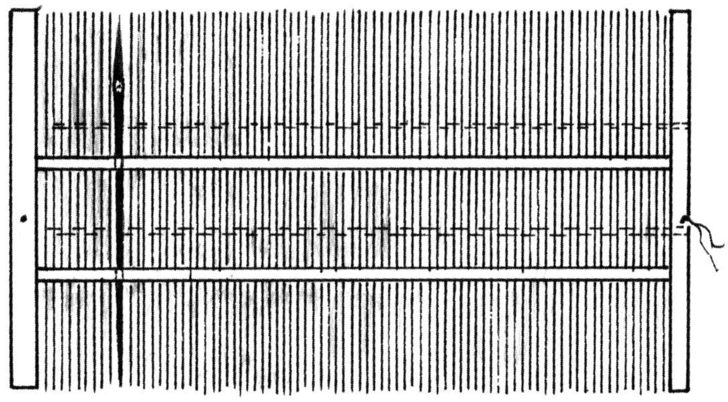

Pinselmatte

Aufbau einer Ikone im Querschnitt

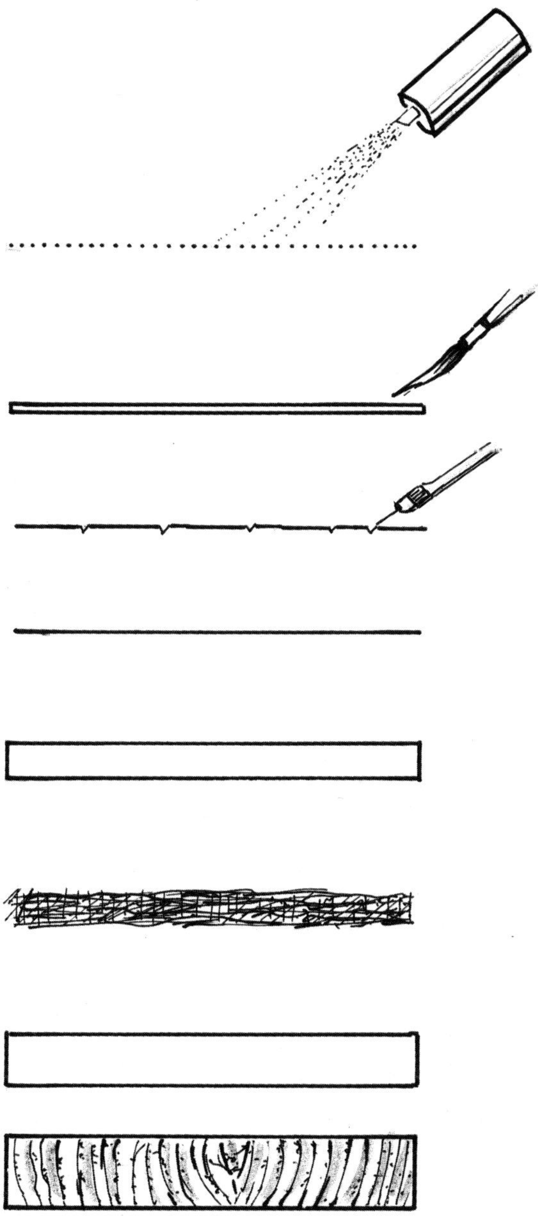

Mit dem Handballen, einem Pinsel oder Spray aufgetragene Schutzschicht (Olifa)

Malschicht

eingeritzte Vorzeichnung (Graf' ja)

aufgepauste Vorzeichnung (Risunok)

mehrmalige weiße Grundierungsschichten (Lewkas)

aufgeleimtes dünnes Gewebe (Povoloka)

allseitiges Vorleimen des Bildtägers

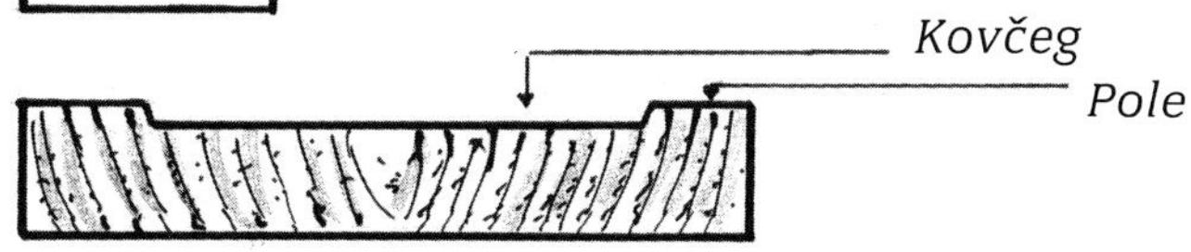

Bildträger aus absolut trockenem, astfreiem, harzfreiem Holz

Bildträger mit vertieftem Mittelfeld (Kovčeg)

Ikonenformen

Die Form der auf hölzerne Tafeln gemalten Ikonen war meist rechteckig, es gab aber auch runde und ovale Ikonen. Bei rechteckigen Ikonen waren die Ränder gleich breit oder die Seitenränder schmaler als der obere und untere Rand. Der untere Rand konnte auch breiter als die übrigen sein. Bei vor dem Mongoleneinfall (1237) gemalten russischen Ikonen waren die Außenränder wesentlich breiter als bei den nach dem 13. Jh. entstandenen Ikonen.

Vom Beginn des 16. Jh. hatten die Ikonen immer ein vertieftes Mittelfeld (Kovčeg). Durch das

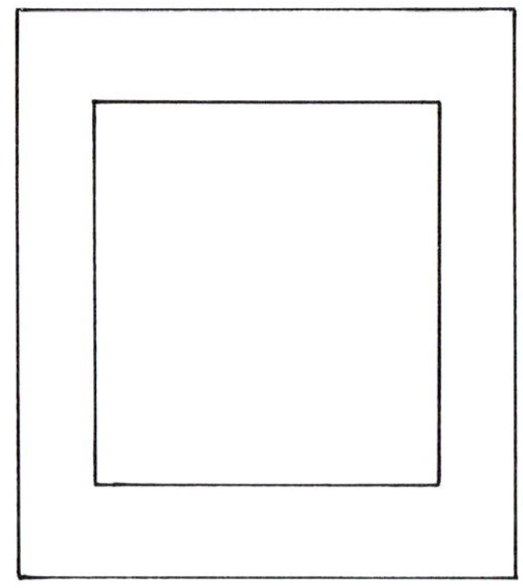

Alle Ränder sind gleich breit

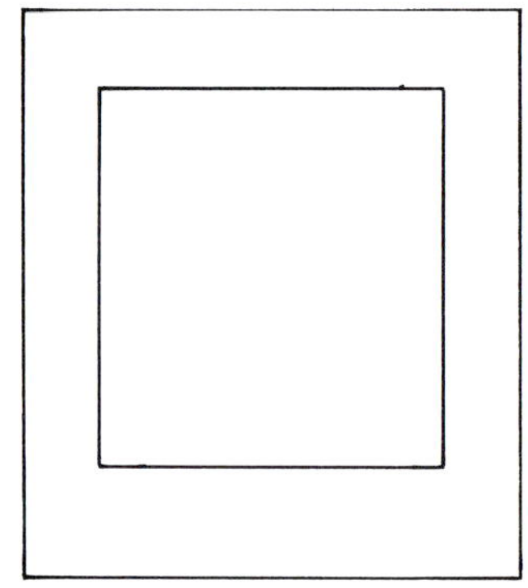

Der untere Rand ist etwas breiter

Petrus und Paulus

Christus Pantokrator

vertiefte Mittelfeld entstand gewissermaßen eine Nische, wodurch der Eindruck des Übergangs von der Fläche zum dreidimensionalen Raum entsteht.
Auch Sonderformate, wie diese – also eine Rundikone oder eine einseitig abgerundete Ikone – entsprechen alter Tradition und können sehr reizvoll sein. Dennoch sind sie für den Anfänger weniger empfehlenswert, denn sie werfen zusätzliche handwerkliche und ästhetische Probleme auf. Diese meisterhaften Ikonen wurden von Frau Irene Schrittwieser aus Wien gemalt.

Die Vertiefungen zum Mittelfeld waren unterschiedlich. Sie verliefen vom äußeren Ikonenrand zum Mittelfeld leicht abfallend oder das Mittelfeld war doppelt vertieft. Sie waren im 18. Jh. nicht üblich und sind erst wieder in der zweiten Hälfte des 19. Jh. (bei Ikonen aus den Altgläubigenwerkstätten) angebracht worden.

Eine Ausnahme hiervon bildeten die Ikonostas-Ikonen, das sind Ikonen, die für die zwischen Altar und Gläubigen stehende Bilderwand (Ikonostas) in einer orthodoxen Kirche gedacht sind. An Stelle des erhöhten Randes der Ikone trat die Rahmeneinfassung der Bilderwand (Ikonostas) in die eine Ikone eingesetzt und zu besonderen Anlässen (z. B. Gedenktagen) herausgenommen werden konnte.

Auf dieser Ikonenabbildung der Gottesmutter von Vladimir ist sehr gut das vertiefte Mittelfeld (Kovčeg) zu erkennen, das ebenso wie der Ikonenrand einen Goldgrund erhielt. (Original: Irene Schrittwieser, Wien).

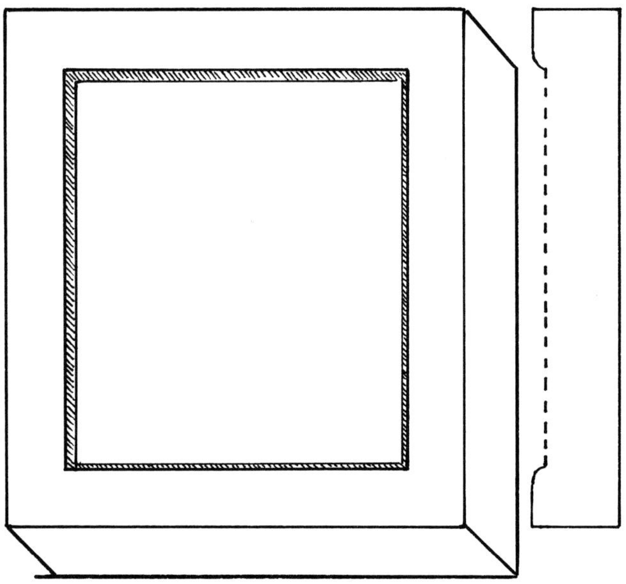

Das vertiefte Mittelfeld der Ikone (Kovčeg)

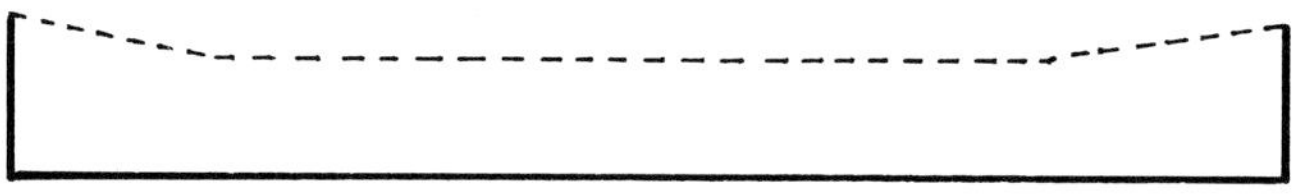

16. u. 17. Jh.

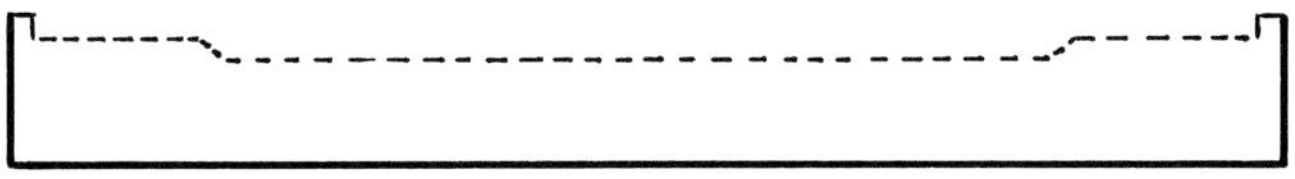

16. u. 17. Jh.

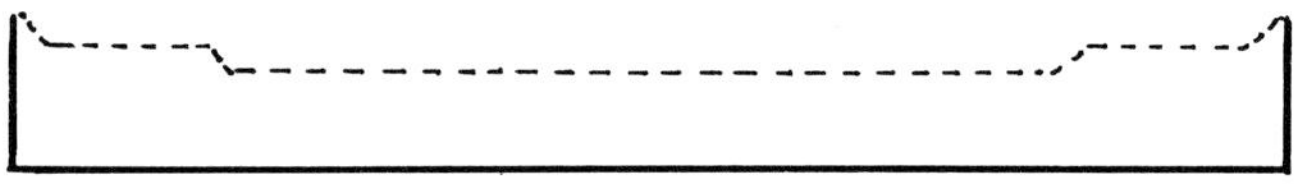

19. Jh.

im Profil

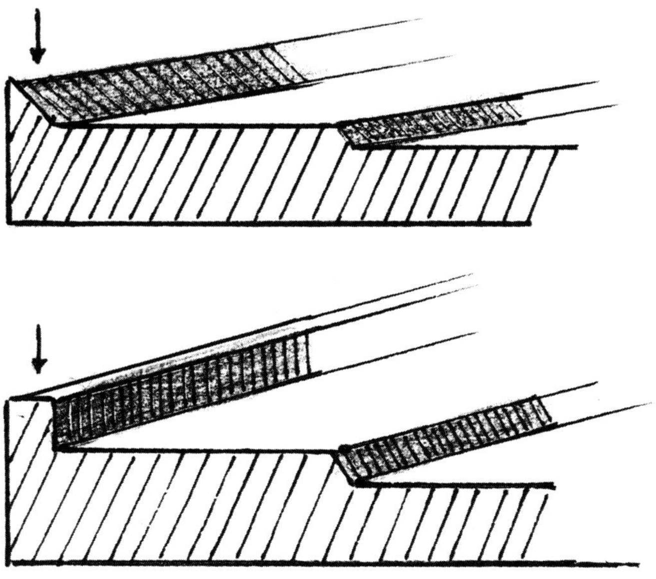

In den Malerwerkstätten Nowgorods wurden seit dem 15. Jh. Kleinstikonen in der Größe von 20x30cm, oder 20x25cm als sogenannte »Tabletki« (Choltjanay cki) hergestellt. Der Bildtäger war eine Leinwand, die beiderseits mit Lewkas (Leim) beschichtet wurde. Wegen ihrer Empfindlichkeit wurden die Tabletki meist mit einem Schutzrahmen versehen.

Der Bildträger

Die Basis für eine Ikone ist der Bildträger.

Ikonen sind überwiegend auf Holz gemalt. Für die Haltbarkeit und das Gelingen einer Ikone spielt der Bildträger eine besondere Rolle.

Bildträger aus Massivholz

Bei der Verwendung von Massivholz sollten folgende holztechnische Grundsätze beachtet werden:

Die Härte des Holzes ist bei Weich- oder Hartholz unterschiedlich. Sehr hart ist Ebenholz und Buche, hart sind Eichenholz-, Eschen-, Akazien- und Rotbuchenholz, weniger hart sind Nußbaum, Ahorn, Birke, Kastanie und Lärche, weich sind Eibe, Kiefer, Fichte, Tanne und Linde, sehr weich sind Pappel und Weide.

Welche Holzart auch für den Bildträger verwendet wird: das Holz sollte gut gewachsen, astfrei und trocken sein. Die Jahresringe sollten nach Möglichkeit senkrecht stehen, weil ein Kernbrett mit stehenden Jahresringen sich nicht verwirft.

Bildträger früher

Vor dem eigentlichen Malvorgang wurde zunächst ein Bildträger zubereitet. Er wurde im alten Rußland nicht vom Ikonenmaler, sondern vom Tischler bzw. Zimmermann (Plotnici) aus astfreiem und trockenem Massivholz hergestellt.

In den traditionellen Ikonenländern sowie in den Ikonenschulen Rußlands wurden zeitlich und räumlich wechselnde unterschiedliche Holzarten verwendet. Im allgemeinen entnahm man das Holz (meist Linde, Nußbaum, Edelkastanie und Birnbaum) aus dem der Ikonenwerkstatt benachbarten Baumbestand.

Die Stärke des Bildträgers betrug bis zu 5 cm. In früheren Jahrhunderten wurden die dafür benötigten Bretter nicht mit der Säge aus dem Stamm geschnitten, sondern mit Holzkeilen aus dem Stamm gespalten. Das Holzbrett wurde mit der Axt geglättet und auf das gewünschte Ikonenmaß gebracht. So hergestellte Bildträger sind auf der Rückseite einer Ikone an den Spuren der Axtbearbeitung leicht zu erkennen.

Bei den aus dem Stamm gespaltenen Brettern wurde darauf geachtet, daß sie stehende Jahresringe hatten. Bretter mit stehenden Jahresringen haben den Vorteil, daß sie nach allen Seiten gleichmäßig quellen und schrumpfen.

Die Lebensdauer der Bildträger aus Holz ist je nach Holzart, Präparierung und klimatischen Einflüssen auf wenige Jahrhunderte beschränkt. Es sind meist biologische Faktoren, die zur Zerstörung des Holzes führen. Brüchige oder durch Wurmfraß zerstörte Holzteile bei alten Ikonen wurden durch neues Holz ersetzt.

Einschubleisten – Sponkis

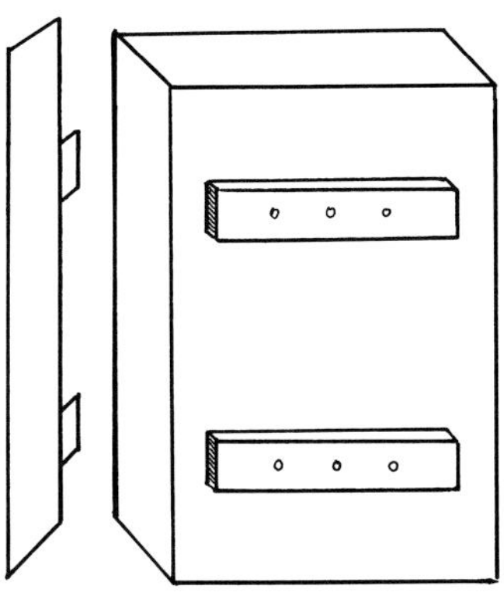

Mit Holznägeln befestigte Sponkis auf einer griechischen oder frührussischen Ikone (vor 14. Jh.)

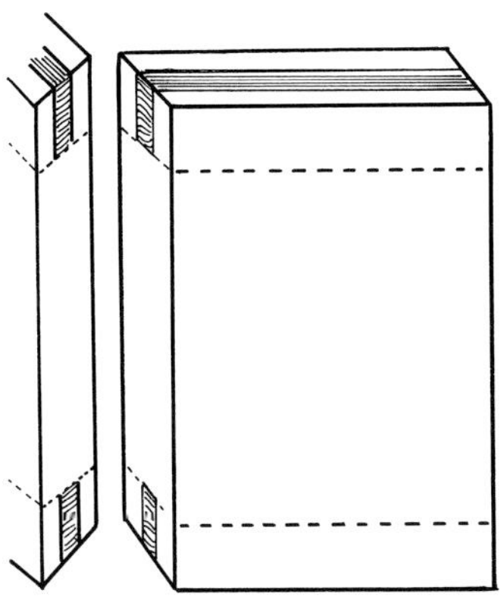

In Nuten eingeschobene Sponkis vor dem 14. Jh. und wieder ab dem 18./19. Jh. in Altgläubigenwerkstätten

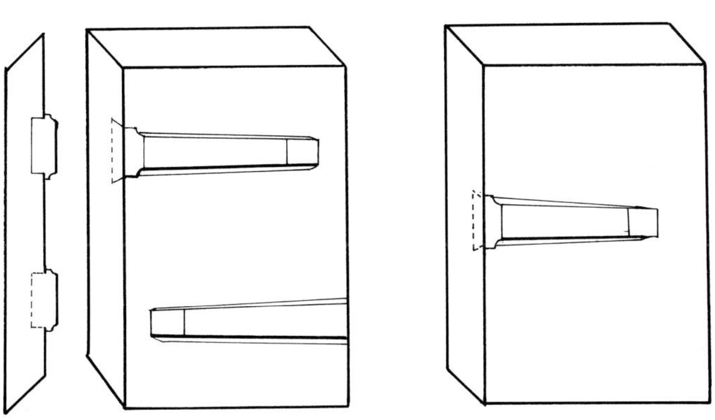

Profilierte Ziersponkis aus Altgläubigenwerkstätten

Einschubleisten (Sponkis)

Das in den traditionellen Ikonenländern verwendete Holz ist wegen seiner plastischen und elastischen Eigenschaften kein idealer Bildträger, weil er sich unter dem Einfluß von Feuchtigkeit und Trockenheit meist zur Bildseite verwölbt (konvexe Verwölbung). Bei den extremen klimatischen Verhältnissen in Rußland wurde in Erkenntnis dieser Eigenschaften die Rückseite des Bildträgers je nach seiner Größe mit einer oder zwei Einschubleisten (Sponkis) versehen.

Aus der Form und zeitlich wechselnden Art der Anbringung von Einschubleisten kann der Kenner auf das Alter einer Ikone schließen. In Rußland verklammerte man verleimte Bretter zusätzlich mit sogenannten »Schwalben« (Lastočki).

Verleimung von Brettern für den Bildträger

Hat ein Brett nicht die für eine Ikone vorgesehene Breite, muß es »verleimt« werden. Dabei muß nach alter Tischlerregel Splintseite mit Splintseite und Kernseite mit Kernseite verleimt werden.

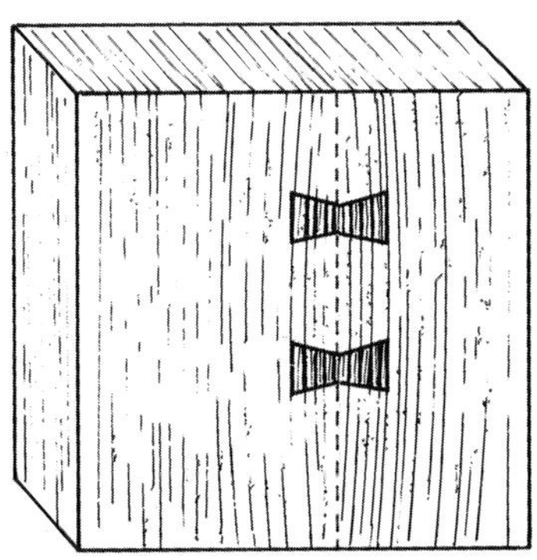

Die sogenannten Schwalben (Lastočki) verklammern einzelne Bretter des Bildträgers. Der Schwalbenschwanz muß mit der Faserrichtung des Holzes verlaufen. Verläuft die Faser quer, entsteht die Gefahr des Risses.

Querschnitt eines in den Bildträger eingesetzten Sponki

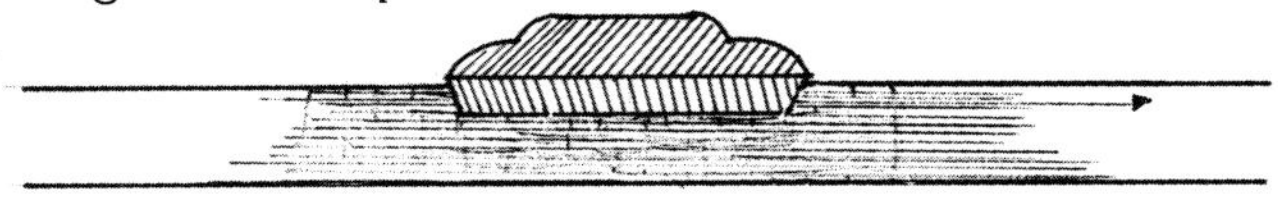

Längsrichtung

Ziersponki

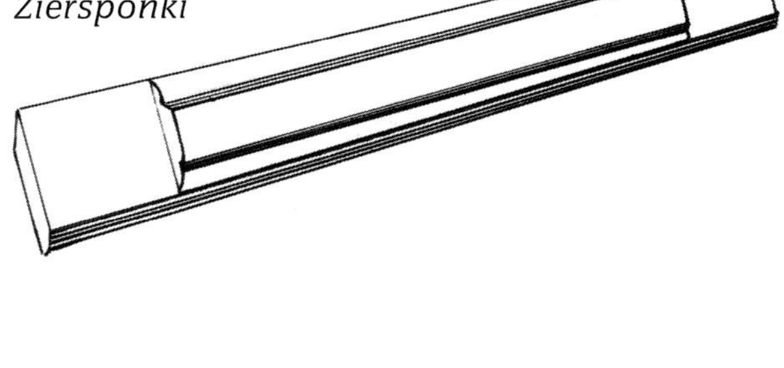

Bildträger aus Sperrholz und Tischlerplatte

Die heutige Holztechnik gibt dem Ikonenmaler die Möglichkeit, den Bildträger aus besten fabrikmäßig hergestellten Qualitäten von Sperrholz oder Tischlerplatte preisgünstig herzustellen oder herstellen zu lassen. Tischlerplatten haben einen mit Holzstäben verleimten Kern, der auf beiden Seiten mit einem Deckfunier abgesperrt ist. Spanplatten sollten für Bildträger nicht verwendet werden.

Das erwähnte Material ist in verschiedenen Stärken und Zuschnitten auf dem Markt und nicht wie Massivholz gegen klimatisch nachteilige Einflüsse und Wurmbefall anfällig. Der Vorteil liegt ferner darin, daß

1. ein Quellen und Schrumpfen unterbleibt,
2. keine Verwölbung eintritt,
3. das Verleimen von Brettern entfällt, weil alle gewünschten Größen zur Verfügung stehen,
4. Einschubleisten oder Gratleisten, in Rußland »Sponki« genannt, nicht notwendig sind und
5. zur Stabilisierung des Bildträgers kein Gewebe (russisch: Povoloka) aufgeleimt zu werden braucht, außerdem
6. kein Schwund, gleich welcher Richtung eintritt.

Tischlerplatten sind fugenfrei und sollten für großformatige Ikonen mindestens 20 mm stark sein. Sie sind im Vergleich zum Massivholz unproblematisch und bieten sich für den Anfänger geradezu an. Wird Massivholz aus alten Möbeln verwendet und sollen Sponkis angebracht werden, wird auf Form und Art der Anbringung auf Seite 27 f. verwiesen.

Sponkis oder Leisten im Hirnholz der Brettschmalseiten bewirken oft das Reißen des Ikonenbretts und schaden mehr, als sie nützen.

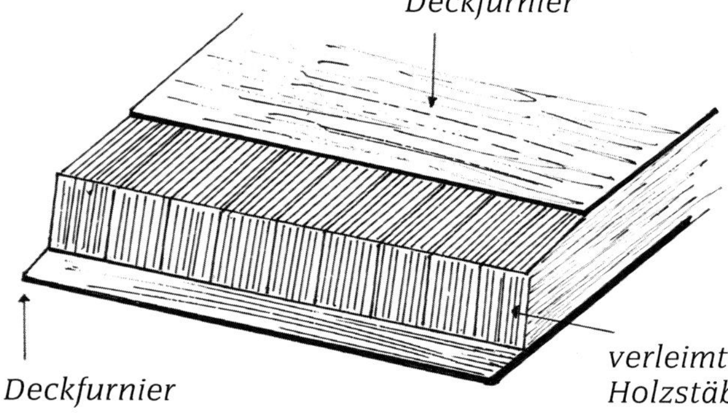

Format des Bildträgers

Die Größe des meist rechteckigen Bildträgers hängt von dem Motiv ab, das man malen will. Anfangs sollte man ein mittelgroßes Format wie 10 x 14 cm, 16 x 20 cm, 30 x 35 cm und eine figurenarme Darstellung wählen. Als Einzelmotiv eignet sich z. B. die halbfigurige Darstellung des hl. Nikolaus von Myra oder die russische Ikone der »Gottesmutter von Kazan« (vgl. S. 67), weil hier nur eine Hand Christi und keine Füße der Gottesmutter und Christi zu malen sind (siehe im Anhang die Vorzeichnungen für Ikonen).

Höhe und Breite insgesamt müssen in einem gewissen Verhältnis zueinander stehen. Das trifft auch auf den Ikonenrand zu, der von dem Mittelfeld farblich abgegrenzt an den Außenseiten eingerandet wird oder durch Vertiefung des Mittelfeldes des Bildträgers entsteht. Das vertiefte Mittelfeld läßt sich sehr einfach herstellen, wenn man Leisten von 3–4 mm und 25–30 mm Breite (je nach Größe der Ikone) auf alle vier Außenseiten des Bildträgers bündig und ohne Gehrungsschnitt aufleimt und zum Mittelfeld hin anschleift. Der entstandene Rand dient gleichzeitig dem Maler als Handauflage.

Unebenheiten an der Tischlerplatte müssen mit Holzkitt oder Holzspachtel geglättet und geschliffen werden. Diese Vorarbeiten sind notwendig, bevor man mit dem nächsten Schritt, dem Ableimen oder Vorleimen des Bildträgers, beginnen kann.

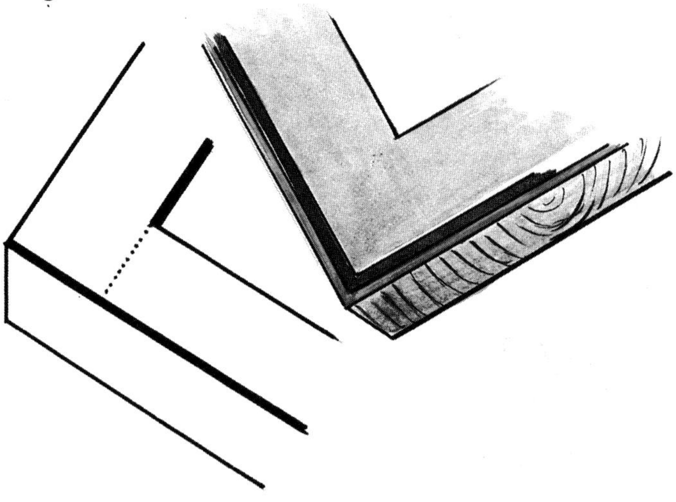

Ableimen bzw. Vorleimen des Bildträgers

Der Bildträger erhält gegen Feuchtigkeit und Parasitenbefall auf der Bild- und Rückseite sowie den vier Seitenkanten einen Leimauftrag. Hierfür verwendet man einen breiten Borstenpinsel. Als

Gottesmutterikonen sind beliebte und geeignete Aufgaben für den Anfang, denn hier reduziert sich die künstlerische Aufgabe auf einen Porträtausschnitt. Gemalt wurde diese Gottesmutter von Frau Waltraud Kurz aus Braunfels an der Lahn.

Die Gottesmutter von Kazan ist besonders einfach, denn lediglich eine Hand Christi ist darzustellen, und häufig bereiten Füße und Hände die meisten Schwierigkeiten.

Ableimen des Bildträgers

Leim eignet sich entweder im Wasserbad aufgelöster Gelantineleim, ein hochwertiger Hautleim in Blattform, Knochen- oder Tischlerleim, ein aus Tierknochen eingekochter Leim, Hasenleim, ein in Perlenform im Handel erhältlicher Hautleim, Fischleim (teuer und schwer erhältlich) oder Dispersionsbinder, z. B. Caparol.

Leimzubereitung

Für Gelantineleim zwei bis maximal drei Blatt Gelantine in 100 ml Wasser auflösen (nicht kochen).

75 g Tischlerleim oder Hautleim in 1 Liter Wasser drei bis vier Stunden quellen lassen und anschließend im Wasserbad erhitzen.

Fischleim kann ohne zu quellen gleich im Wasserbad erhitzt werden.

Dispersionsbinder Caparol nur im kalten Wasser im Verhältnis zwei Teile Caparol und ein Teil Wasser gut verrühren und nicht erhitzen.

Die genannten Leime sind, bis auf den Dispersionsbinder, stets heiß und blasenfrei in kreisenden Bewegungen oder kreuzweisen Lagen auf den Bildträger aufzutragen. Nach Trocknung des ersten Leimauftrags ist ein zweiter Leimauftrag notwendig. Für den Anfänger eignet sich am besten der Dispersionsbinder, weil ein Erhitzen entfällt und er sich leichter auftragen läßt.

Die Firma Rowney, London, bietet für die Vorleimung des Bildträgers Kaninchenfell-Leim in Abpackungen von 28 g Beuteln mit folgendem Rezept an:

Kaninchenfell-Leim wird mit etwa 450 ml kaltem Wasser vermischt, dann läßt man ihn über Nacht quellen. Im Wasserbad wird er dann erhitzt (nicht kochen), bis sich der Leim gelöst hat. Der Leim wird dann mit einem Borstenpinsel heiß und kreuzweise zweimal auf den Bildträger aufgetragen. Der zweite Auftrag kann jedoch erst nach völliger Trocknung des ersten vorgenommen werden.

Traditionelle Vorleimungstechniken (Proklej)

Für die Vorleimung des Bildträgers wurde in Rußland Fischleim verwendet, der eine besonders starke Klebekraft besitzt. Zweck des Leimauftrags auf der Rückseite, Vorderseite und den Rändern war, das Holz vor Feuchtigkeit und Schädlingen zu schützen.

Der Bildträger wurde auf der Bildseite abgeleimt, weil die Grundierung dem ungeleimten Holz zuviel Bindekraft entzogen hätte und die Farben auf dem Malgrund ihre Leuchtkraft eingebüßt hätten.

Der Leim wurde generell warm und ohne Blasen aufgetragen. Die Vorderseite des Bildträgers wurde mit Einkerbungen versehen, um ein besonders gutes Eindringen des Leims in den Bildträger zu erreichen. Die Vorleimung (Proklej) ist meist dreimal in senkrechten und waagerechten Lagen vorgenommen worden.

Befestigung einer Stofflage (Povoloka) auf dem Bildträger

Seit dem Ende des 14. Jh. leimte man meist auf die Vorderseite des Bildträgers ein dünnes netzartiges Gewebe (Povoloka). Es trägt zur Stabilisierung der Ikone bei und schafft eine wichtige Verbindung zwischen dem Bildträger und der späteren Grundierung.

Entweder wurde die Povoloka auf die gesamte Bildfläche oder nur über die Nahtstelle von zwei oder mehreren Brettern aufgeleimt bzw. wurden mit ihr Astlöcher isoliert. Vor dem Aufleimen wurde sie in Leim getränkt, dann auf die Bildfläche gelegt und nach allen Seiten blasenfrei ausgestrichen. Statt des Stoffes ist bei Ikonen des 18. und 19. Jh. auch Papier verwendet worden.

Einkerbung des Bildträgers zur Verbesserung der Haftung des Leims

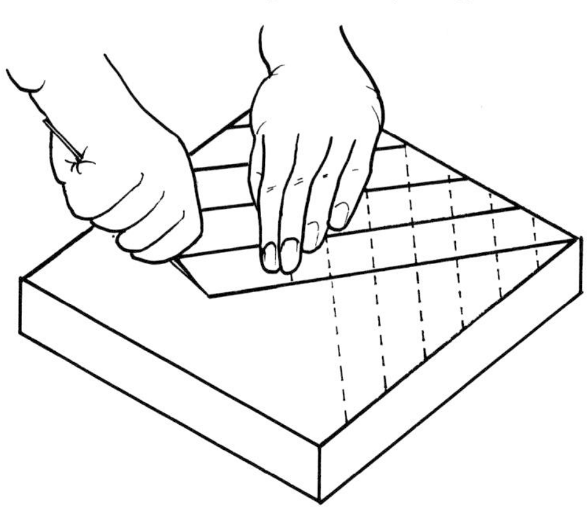

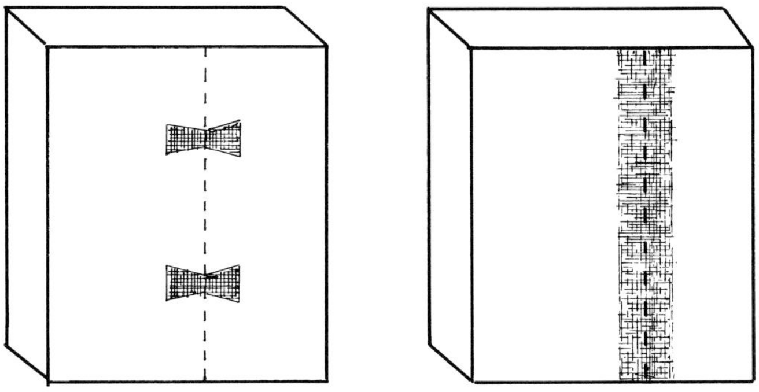

Überleimung einer Verbindungsstelle mit der Povoloka

Aufleimen der Stofflage heute

Wenn, wie empfohlen, eine Tischlerplatte als Bildträger verwendet wird und sorgfältig abgeleimt worden ist, ist die Anbringung einer Stofflage (Povoloka) nicht nötig.

Soll sie dennoch angebracht werden, wird sie einfach mit einem der beschriebenen Leimarten getränkt, auf die getrocknete Bildseite aufgelegt und blasenfrei ausgestrichen. Bei im Mittelfeld vertieften Bildträgern ist darauf zu achten, daß die Stofflage gut in den Ecken fest liegt, weil sie sich sonst wieder lösen kann. Nach Trocknung ist sie noch einmal mit der gleichen Leimlösung einzustreichen. Überstehende Stoffteile werden nach der darauf aufgetragenen Grundierung (Lewkas) mit einem Messer abgeschnitten.

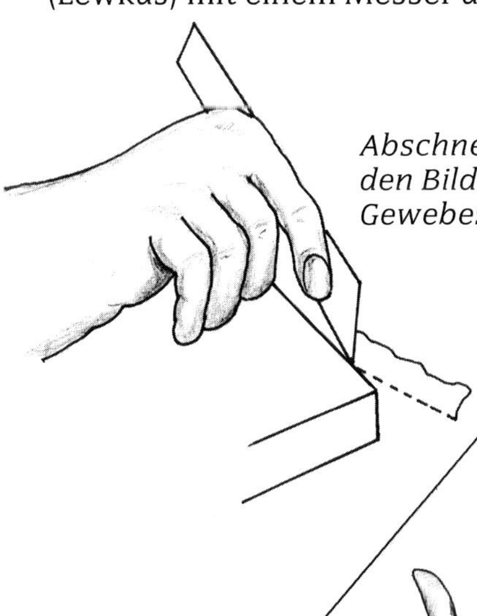

Abschneiden des über den Bildträger reichenden Gewebes

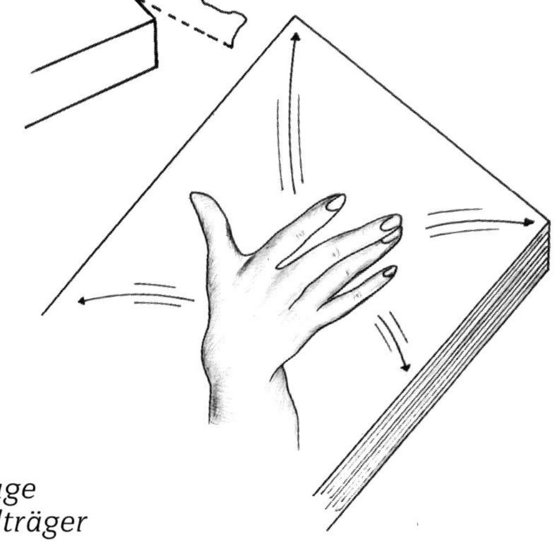

Aufleimen einer Stofflage auf den Bildträger

Grundierung

Wie schon ausführlich beschrieben, ist Holz keine ideale Grundlage für die Malerei und Vergoldung, weil es von harten und weichen Jahresringen durchzogen ist und deshalb nicht optimal geglättet werden kann. Aus diesem Grund wurde die Oberfläche des Holzes bis in das 19. Jh. und bei westeuropäischen Bildtafeln bis in das 16. Jh. grundiert.

Für die Grundierung war in Rußland der Levcik (der Grundierer der Werkstatt) zuständig. Die Grundierung (Lewkas) bestand in Rußland aus Alabaster oder Kreide. Alabaster oder Kreide vermischte man im Wasser mit Leim und kochte das Gemisch auf. Um einen elastischen Malgrund zu erhalten, setzte man Leinöl oder auch Honig zu. Im 18. und 19. Jh. gab man auch Eigelb und Bleiweiß dazu. Anderswo kannte man die sogenannte »Bologneser Kreide« als Grundierung. Nach der Grundierung entsteht eine ebene, mit dem Bildträger fest verbundene Fläche für die spätere Aufnahme der Malschicht.

Nachstehend werden von den verschiedensten Grundierungsmethoden fünf verhältnismäßig einfache Rezepte und ihre Anwendung erläutert.

Rezept 1

1) 75 bis 80 g Hautleim (Hasenleim) in 1 l kaltem Wasser über Nacht quellen lassen und am nächsten Tag im Wasserbad bis 37 Grad erwärmen (nicht kochen).

2) In die Leimlösung wird nach erneuter Erwärmung Bologneser- und Champagnerkreide im Verhältnis 1 : 1 immer nur in kleinen Mengen eingerührt, bis das Leim-Kreide-Gemisch gesättigt ist und ein streichfähiger Brei entstanden ist.

3) Das Leim-Kreide-Gemisch wird warm mit einem Pinsel auf die vorgesehene Bildseite der Ikone aufgetragen.

Insgesamt müssen sechs bis sieben Lagen, nach jeweiliger Durchtrocknung der vorherigen Lage, in wechselnder Streichrichtung (kreuzweise) aufgetragen werden. Die Leimaufträge dürfen nicht an der Sonne oder der Heizung getrocknet werden, weil der Kreidegrund später Risse bilden könnte. Bereits nach der dritten Lage sollte die Fläche mit einem Schleifpapier der Körnung 120–180 und die vorletzte und letzte Lage mit Körnung 260–400/600 geschliffen werden. Zum Schluß wird die Grundierung mit einem Leinentuch poliert.

Wenn das Leim-Kreide-Gemisch durch einen Seidenstrumpf gegossen und in einem Gefäß verschlossen im Kühlschrank aufbewahrt wird, hat es eine Haltbarkeit von rund drei Monaten.

Auftrag der Grundierung mit einer Spachtel

Rezept 2

1) 50 g weiße Speisegelatine wird in 1 l warmem Wasser aufgelöst und soviel pulverisierte Bologneserkreide in kleinen Mengen zugeführt, bis eine sahnige, breiige Masse entstanden ist. Um die Grundierung geschmeidiger zu machen und um zu verhindern, daß sie bei einer Punzierung oder Ornamentierung des Hintergrundes aufbricht, gibt man ein wenig Leinöl oder Eigelb hinzu. Die erste Lage mit der Grundierungsmasse wird warm auf den Bildträger aufgetragen. Wird das Gefäß mit der Grundierungsmasse mit einem feuchten Tuch abgedeckt und im Kühlschrank abgestellt, wird es nach kurzer Zeit so steif, daß man die zweite bis sechste oder siebte Lage mit einer Spachtel kalt auftragen kann.

Alle Aufträge sind, wie beim ersten Rezept beschrieben, in sich ändernden Streichrichtungen aufzutragen und die letzte Lage mit Schleifpapier unterschiedlicher Körnung trocken (nicht naß!) zu schleifen.

Rezept 3 (neue Grundierungsmethode)

Zwei Teile Dispersionsbinder Caparol werden mit einem Teil kaltem Wasser verdünnt und gut verrührt. In einem Plastikbecher werden zwei Teile Bologneser-Kreide (feiner abgebundener Gips) und ein Teil Lithopone (Deckweiß) mit einer Spachtel gut vermischt und in kleinen Mengen in eine vorbereitete Dispersionsverdünnung (ein Teil Dispersion Caparol und ein Teil Wasser) bis zu sahneartiger Konsistenz beigemischt. Die erste Lage wird mit einem Borstenpinsel kalt aufgetragen. Alle weiteren einschließlich der fünften Lage ebenfalls kalt. Die sechste Lage kann aufgespachtelt und dem Kreidegemisch noch etwas Lithopone zugesetzt werden. Nach der dritten bis fünften Lage wird mit Schleifpapier der Körnung 220 und die sechste Lage mit der Körnung 300 geschliffen und mit einem Woll-lappen abgerieben.

Rezept 4 (neue und einfachste Grundierungsmethode)

Der Bildträger wird zweimal mit einem Gemisch aus Dispersionsbinder und kaltem Wasser (zwei Teile Caparol und ein Teil Wasser) allseitig satt eingelassen und nach Trocknung darauf eine weiße Dispersionsspachtelmasse, z. B. »Molto-Feinspachtel«, mit einer Japanspachtel aufgetragen. Jede folgende Lage sollte dünn und in wechselnder Streichrichtung aufgespachtelt und die letzte Lage mit Naßschliffpapier feiner Körnung naß geschliffen werden. Dieser Dispersionsweißgrund bietet sich für den Anfänger – nicht nur für ihn – geradezu an, weil die Zubereitung vom Kochen des Leims bis zum Zusatz verschiedener Kreiden entfällt. Auch die vier Kanten des Bildträgers können so ein- oder zweimal gespachtelt und dann geglättet werden.

Die englische Firma Rowney, London, die echte Eitemperafarben in Tuben herstellt, empfiehlt für die Grundierung des Bildträgers folgendes Rezept:

Rezept 5

Nach Vorleimung des Bildträgers, wie auf Seite 28 ff. beschrieben, werden drei Gewichtsteile Gesso-Pulver mit vier Gewichtsteilen des zubereiteten Leims (28 g Leim und 450 ml Wasser) gut vermischt und durch Musselin hindurch in einen sauberen Behälter geseiht. Dann wird die Leimmischung im Wasserbad auf 40 °C erhitzt. Luftblasen aufsteigen lassen und dann behutsam umrühren. Die Gesso-Lösung wird dann in ausreichender Menge auf die Mitte des Bildträgers gegossen und der Bildträger schnell von einer Seite zur anderen geneigt, um einen gleichmäßigen Auftrag zu erhalten. Überschüssiges Gesso läßt man ablaufen. Etwaige Luftblasen werden mit einer Nadel durchstochen und der Bildträger in waagerechter Lage zum Trocknen weggestellt. Gesso-Pulver wird in Blechdosen mit 400 g Inhalt angeboten.

Schleifen der Grundierung

Um einen ebenen, geglätteten Malgrund zu erhalten, wird die Grundierung entweder trocken oder naß geschliffen. Für den Naßschliff benötigt man ein spezielles Naßschleifpapier der Körnung 250. Beim Naßschliff darf der Malgrund nicht zu stark mit Wasser oder einem Gemisch aus Wasser und Spiritus (im Verhältnis 1 : 1) befeuchtet werden, damit sich der Malgrund nicht anlöst. Die Grundierung kann in kreisenden Bewegungen entweder mit dem Schleifpapier in der

Schleifen der Grundierung mit einem Schleifklotz

Hand, besser aber mit einem um einen Schleifklotz mit abgerundeten Kanten (6x4cm) gelegten Schleifpapier geglättet werden. Dabei ist darauf zu achten, daß sich kein feinkörniger Schleifstaub am Schleifpapier absetzt und auf dem Malgrund unschöne Schleifspuren entstehen.

Ist der Zeichengrund geschliffen, kann die Vorzeichnung aufgetragen werden.

Der Maler hat, wenn er sich an die Vorzeichnungen in den Podlinniks hält, die Möglichkeit, seine eigenen Vorstellungen bei der Farbgebung und der von ihm angewandten Maltechnik zu verwirklichen und zu seinem eigenen Stil zu finden.

Malerhandbücher

(russisch: Podlinnik, griechisch: Hermeneia) enthalten im weiteren Sinne Hinweise über Malweisen und Materialien von Ikonen, Rezeptsammlungen sowie weitere technische Abhandlungen. Im engeren Sinne bezeichnet man mit dem Begriff Malerhandbücher jedoch vor allem die mittelalterlichen Handbücher und Traktate, in denen das Handwerklich-Technische dominiert. Neben genauen Beschreibungen des Malvorganges vom Anlegen der Zeichnung bis zur

Die Vorzeichnung

Eine sorgfältig angefertigte Vorzeichnung ist bereits die halbe Arbeit. Sie sollte notwendige Details über Haltung, Gestik und Gewandung der dargestellten Personen sowie der Architektur und Landschaft enthalten. Betrachtet man altrussische Ikonen mit unseren, von westlichen Kunstnormen geprägten Augen, fällt besonders das Abweichen von realistischen Erscheinungsformen auf, z.B. Deformationen des Felsens, Nivellierung der Maßstäbe und das Abweichen von der linearen Perspektive u.a. Weil jede Ikone aber ein Abbild eines Urbildes ist, dürfen bei der Anfertigung der Vorzeichnung die Kanonizität der Ikonenmalerei, die strenge Beschränkung der Themen und Kompositionen, ihre ikonographische Bedeutung, die Mustervorlagen in den Podlinniks (Malerhandbücher), nach denen über Jahrhunderte diese oder jene Motive gemalt wurden, nicht unbeachtet bleiben.

Bei der Darstellung einer Person oder Szene muß deshalb alles unterlassen werden, was dem Kanon der Ikonenmalerei widerspricht, was also realistisch, plastisch und damit irdisch und zeitlich gebunden erscheint. Der Maler sollte sich bei der Anfertigung der Vorzeichnung an den Vorlagen in den illustrierten Malerhandbüchern – in Rußland das Stroganow- oder Sijskij-Malerhandbuch – orientieren, in denen, wie schon erwähnt, Vorzeichnungen über Jahrhunderte hinweg gewissenhaft tradiert und bewahrt wurden.

Vorzeichnung aus einem Malerhandbuch Ikonenvorzeichnung zum I. Ökumenischen Konzil von Nicaea im Jahre 325 aus dem Malerhandbuch der Familie Stroganow

endgültigen Farbgebung, Rezepturen für Pigmente, Bindemittel, Grundierungen usw. geben die Malerhandbücher interessante Aufschlüsse über die Technik der mittelalterlichen Ikonenmalerei und den Arbeitsablauf in den Malerwerkstätten. Ihr oft belehrender Charakter bei den Anweisungen zur Ikonographie, zum Bildaufbau, zur Farbgebung (hinsichtlich liturgischer und symbolischer Farben) verdeutlicht die enge Bindung vor allem der byzantinischen Rezeptsammlungen und Malerhandbücher an die theologische Bedeutung einer Ikone. Die Bewahrung des Darstellungskanons war eines der Hauptanliegen, wie man es deutlich am Beispiel des Malerhandbuchs vom Berge Athos erkennen kann, aber es ging auch um die Restaurierung älterer Ikonen, z. B. in Malerhandbüchern aus dem 17. Jh.

Die Malerhandbücher spielten in dem Werkstattbetrieb der Ikonenschulen eine wichtige Rolle. Man entnahm ihnen Vorzeichnungen einzelner Figuren – mehr oder weniger abgewandelt – für eigene Kompositionen. Solches »Kopieren« galt als übliche und angemessene Arbeitsweise.

Es kann davon ausgegangen werden, daß in den Ikonenschulen Rußlands, des Balkans und Griechenlands immer nach entsprechenden Malvorlagen gearbeitet wurde. Die meisten aus dem Mittelalter erhaltenen Malerhandbücher sind Fragmente. Das Malerhandbuch war kein offizielles kanonisches Handbuch für die byzantinische Kirchenmalerei, sondern ein praktischer Behelf, um die Tradition und die überlieferten Bestimmungen der Kirche nicht zu übertreten. Das russische »Sijskij-Malerhandbuch« und das »Stroganow-Malerhandbuch« sind illustriert.

Mit der Vorzeichnung wird das Grundschema der Komposition festgelegt. Sie löst gewissermaßen die zweidimensionale Fläche auf, um später mit malerischen Mitteln eine Illusion der Raumtiefe zu erreichen.

Übertragung der Vorzeichnung auf den Malgrund

Die Vorzeichnung wurde früher auf folgende Weisen angefertigt und auf den Malgrund übertragen:

Der Zeichner (Znamenčik) suchte aus einem Malerhandbuch (Licevoj podlinnik) eine ihm geeignet erscheinende Vorzeichnung aus, legte auf sie ein durchsichtiges Papier, zeichnete die Konturen nach und übertrug die Zeichnung mittels eines Pauspapiers auf den Malgrund. Oder

Als Vorzeichnung kann auch eine gute Farbreproduktion aus Ikonenbildbänden dienen

man perforierte die Umrißlinien einer Zeichnung, legte sie auf den Malgrund und machte die punktierten Linien mit einem Farbpulver aus einem Pausbeutel kenntlich. Die Farbpunkte konnten nun zu der ursprünglichen Zeichnung verbunden werden. Als dritte Methode ist bekannt: Die Linien einer Originalikone zog man mit in Honig oder Knoblauchsaft gebundenen Farben nach und drückte ein befeuchtetes Papier darauf. Das Papier legte man mit der befeuchteten Seite auf den Malgrund und zog die Farblinien nach. Auf diese Weise wurde die Seitenverkehrtheit umgedreht und man erhielt eine genaue Kopie der Originalikone. Diese Methode wird in griechischen Malerhandbüchern als »Abziehen« bezeichnet. Maler, die sich strikt an die Übernahme von Vorzeichnungen aus den Malerhandbüchern (Podlinniks bzw. Hermenaien) hielten, unterließen es oft, viel Zeit auf eine sorgfältige Ausführung einer Vorzeichnung zu verwenden.

Die ursprünglichen Methoden, eine Vorzeichnung auf einen Malgrund zu übertragen, sind wenig praktisch und deshalb nicht zu empfehlen. Zum Teil wurden auch fertige Schablonen benutzt.

Einfacher ist die Übertragung der Vorzeichnung auf den Malgrund, wenn:

a) die Rückseite einer Vorzeichnung mit einem trockenen Farbpigment bestrichen, die Zeichnung dann seitenrichtig auf den Malgrund gelegt und die Linien mit einem harten, spitzen Bleistift nachgezogen werden,

b) gelbes oder rotes Pauspapier, wie es in Handarbeitsgeschäften erhältlich ist, auf den Malgrund gelegt und mit der Vorzeichnung rutschfest befestigt wird und dann die Linien wie beschrieben durchgepaust werden,

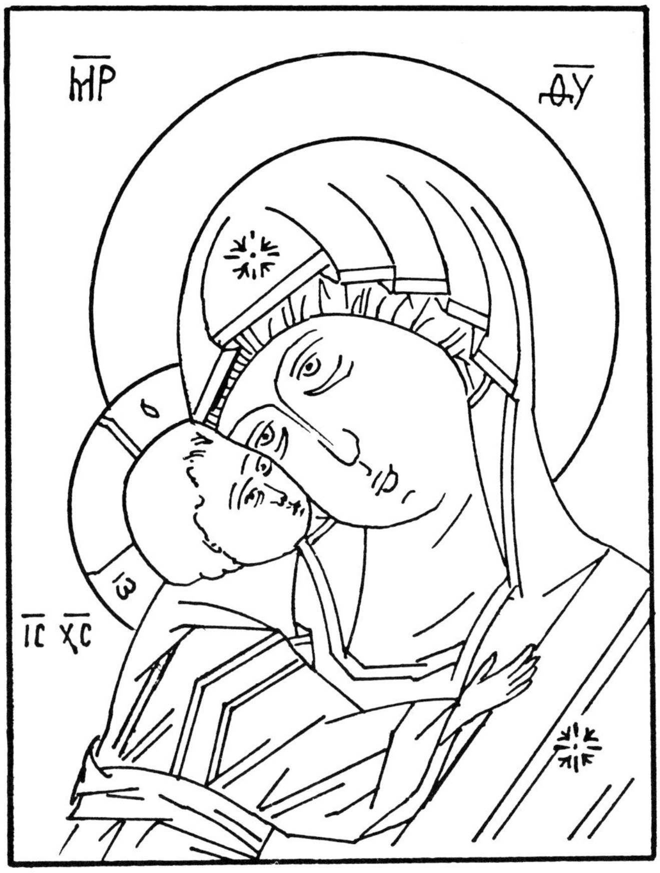

Vorzeichnung der russischen Ikone »Igorevskaja«

Übertragung der Vorzeichnung auf den Malgrund mit einem Metallstift oder Bleistift

Übertragung mit Farbbeutel durch perforierte Schablone

c) eine durchsichtige Kunststoffolie mit aufgedrucktem, rechtwinkligem Quadratnetz auf die Vorzeichnung gelegt wird, die Konturen und Binnenzeichnungen aus der Vorzeichnung auf eine mit gleicher Quadratzahl (entweder mit kleineren oder größeren Zwischenabständen) versehene Entwurfsskizze von einem Quadrat in das andere übertragen werden. Auf diese Weise wird die Übertragung verkleinert oder vergrößert und auf den Malgrund gepaust, wie unter a und b beschrieben.

Kohlepapier sollte für die Übertragung von Vorzeichnungen nicht verwendet werden. Wer Graphitpapier als Pauspapier benutzt, sollte die graphitbeschichtete Seite vorher abwischen, um den Malgrund nicht zu verschmieren, was später bei hellen Farbaufträgen störend »durchwächst«.

Vorzeichnungen sind früher für alle Ikonen angefertigt worden. Der berühmte Ikonenmaler Feofan Grek soll angeblich ohne Vorzeichnung gemalt haben. Vorzeichnungen lassen sich auch nach Originalikonen, guten Farbreproduktionen aus Ikonenbüchern und Ikonenkalendern anfertigen. Auch von klaren Farbdias sind Vorzeichnungen möglich.

Vergrößerung einer Vorzeichnung (Gottesmutter von Kazan)

Um von einem kleinen Ikonenbild eine vergrößerte Kopie herzustellen, wird das kleine Bild auf einem Blatt Papier (hier Format A4) in der linken unteren Ecke befestigt.

Auf der in der linken unteren Ecke befestigten kleinen Zeichnung werden zwei Diagonalen eingezeichnet. Eine davon wird über das ganze Blatt verlängert. Die kleine Zeichnung wird dann durch eine senkrechte Linie in zwei Hälften und waagerecht in vier gleich große Felder eingeteilt.

Nun wird die gleiche Einteilung auf ein gleichproportioniertes Blatt rechts oben übertragen und die Linien als Anhaltspunkt für die Vergrößerung in einem gewünschten anderen Maßstab benutzt (Seitenkanten stehen im gleichen Verhältnis wie bei der kleinen Zeichnung).

Einritzen der Zeichnung (Graf'ja)

Auf den Malgrund übertragene Zeichnungen sind vom 16. Jh. ab in Rußland mit einer spitzen Nadel in den Kreidegrund eingeritzt worden. Je stärker der Kreidegrund war, desto tiefer wurde die Zeichnung eingeritzt. Diese Methode hatte den Zweck, die auf der Ikone zu vergoldenden Stellen gegen die übrigen Farbflächen abzugrenzen, um auch bei Übermalungen die ursprünglichen Konturen der Zeichnung erkennbar zu lassen.

Bei Gewändern ritzte man nicht nur die Umrisse, sondern auch die Faltenwürfe ein. Beim Inkarnat – den Hauttönen – wurden nur die Ansätze der Augenbrauen, Augen, Nase und des Mundes eingeritzt. Auf älteren Ikonen ist die Graf'ja deutlich erkennbar.

Auch heute noch werden mit der sogenannten Graf'ja die wesentlichen Linien für den späteren Malvorgang auf dem Malgrund eingeritzt. Vertiefte Linien bleiben auch nach mehreren Farbaufträgen für den Maler erkennbar, während eine nicht vertiefte Linie beim Malvorgang leicht verwischt und verloren geht. Für die Unterlinierung bei Miniaturen eignet sich eine sogenannte Kopiernadel mit feinen auswechselbaren Metallstiften in einem Halter.

Mit der Kopiernadel können sehr feine Linien in den Kreidegrund geritzt werden, ohne daß sie ausplatzen. Für das Einritzen der Umrißlinien der Nimben (Heiligenscheine) benutzt man einen Zirkel. Dabei darf die Zirkelspitze – meist bei der Nasenwurzel – nicht in den Kreidegrund gedrückt, sondern muß auf einer Unterlage eingesetzt werden, weil sonst ein Loch entstehen würde.

Bei manchen Ikonen kann man feststellen, daß der Maler während des Malvorgangs von der Unterlinierung abgewichen ist und die Vorzeichnung verändert hat.

Der Bildaufbau und Darstellungsinhalte

Die Ikone ist als Heiligenbild unmittelbar mit der Liturgie der Ostkirche verbunden. Alles was an ihr in Form und Farbe sichtbar wird, hat neben dem darstellenden vor allem einen religiös-kultischen Zweck.

Deshalb unterscheiden sich die Kompositionsregeln von der westlichen, vorwiegend profanen Kunst grundlegend. Christus, Maria, die Engel und Heiligen werden als himmlische Gestalten und Bewohner einer transzendenten Welt gemalt und nicht als irdische Gestalten, die in eine realistisch gemalte Landschaft gestellt wurden.

Um der Ikone diesen überirdischen Charakter zu geben, unterwirft sich der Maler der schon aus der byzantinischen Kunst tradierten Formensprache und deren Kompositionsregeln.

Typisch für diese Formensprache ist einmal eine betonte Symmetrie in szenischen Bildinhalten, die Anwendung der sog. umgekehrten Perspektive, in der die Fluchtlinien auseinanderdriften, eine flächenhafte, also unplastische Darstellung von Personen sowie eine frontale Präsentation von Christus und den Heiligen.

Die Gestalten zeichnen sich durch einen betont schlanken Wuchs aus, die Proportionen sind in Richtung auf überlange Extremitäten verzeichnet.

Ebenso wie Formensprache und Bildinhalte sind die Anordnung der Heiligen, ihre Haltung, ja sogar Gestik und Ausstaffierung weitgehend kanonisiert, so daß sich z. B. Madonnenikonen sofort nach ihrer Provenienz einordnen lassen.

Um einer Ikone einen spannungsvollen kompositorischen Aufbau zu geben, genügt also das Studium der alten Ikonen und die Übernahme der dort vorgefundenen Aufteilung des Bildes.

Kunsthistoriker sind der Meinung, daß in Ikonen häufig eine wirkungsvolle Placierung eines oder mehrerer Heiligenscheine das Grundprinzip des Bildaufbaus bestimmte.

Für Engel und Heiligengruppen wird oft eine dreieckige, häufig auch kreisförmige Anordnung gewählt.

Wichtige Heilige, vielleicht die Hauptperson der Ikone, werden gemäß den Prinzipien der Bedeutungsperspektive größer als die anderen gemalt.

Diese Prinzipien und Regeln des Formenkanons der klassischen Ikonenmalerei sollen im folgenden ausführlicher erläutert werden.

Behandlung des Hintergrundes

Der Hintergrund auf Ikonen wurde in den lokalen Malerschulen durch Jahrhunderte unterschiedlich behandelt. Entweder sind Gebäude, Gegenstände, Landschaften und Personen in einer nicht zentralperspektivischen Sicht dargestellt, oder der Hintergrund ist ganzflächig nur mit Gold bedeckt. Gold kommt im Spektrallicht nicht vor und symbolisiert als Hintergrund das zeitlose Jenseits (Ewigkeit). Für den Hintergrund wurden auch Farben wie Weiß, Ocker und Grün verwendet.

Die Farbe des Hindergrundes kann einen Aufschluß über die Malerschule geben, in der die Ikone gemalt worden ist. Nowgoroder Ikonen des 13. bis 15. Jh. haben einen ganzflächigen feuerroten Hintergrund, der das himmlische Feuer symbolisiert.

Darstellungen des Bildhintergrundes

Soweit auf alten Ikonen der Hintergrund nicht einfarbig oder als Goldgrund angelegt ist, finden sich stilisierte Natur- und Architekturformen.

Charakteristisch sind auf alten Ikonen z. B. die stilisierten Darstellungen von links nach rechts ansteigender Treppenfelsen. Solche Felsenformen wurden auch in Ikonen aus Nowgorod gemalt, wo es weder bergige noch felsige Landschaften gibt. Berge haben eine würfelartige Form. Bei Felsen finden sich von oben nach unten vertikale Spalten und eine horizontale Abstufung der Gesamtform.

Ebenfalls stilisiert wurden Gebäude, die eigenartig deformiert scheinen mit phantasievollen Kombinationen von Türmen, Säulen, Baldachinen, Türen und Dächern, die keine Verbindung zu der dargestellten Handlung erkennen lassen. Gebäude sind in mehr oder weniger verzerrter Parallelperspektive gemalt worden, so daß die parallelen Kanten der Gebäude überhaupt keinen gemeinsamen Fluchtpunkt haben. Sie verlaufen parallel zum Betrachter und sind Ausdruck der Unendlichkeit. Der Sinn dieser unlogischen Architekturformen liegt darin, eine Handlung außerhalb menschlicher Logik oder der Gesetze realisistischer Erscheinungen darzustellen. Die Maler haben den dreidimensionalen Raum durch die Fläche ersetzt. Zu den stilistischen Merkmalen der altrussischen Ikonenmalerei gehört generell ihre Flächenhaftigkeit.

Ein aus der Stroganowschule stammender Ikonenfelsen des 17. Jh. Der untere breite Teil geht durch tief eingeschnittene Vorsprünge mit gezackten Konturen in einen engeren oberen Teil über. Auf den flachen, spitz zulaufenden Felsvorsprüngen erkennt man die charakteristischen sogenannten »Fußstapfenabdrücke«.

Diese Darstellung eines Felsens stammt aus einer Miniatur des 14. Jh. Charakteristisch sind für diese Zeit bereits die Formen der Bergvorsprünge, die in ihrer Vielfalt dem Berg die Form eines Treppenfelses geben, wie er in späterer Zeit wiederkehrt. Ikonenfelsen sind auch in Nowgoroder Ikonen gemalt worden, obwohl es dort keine Bergformationen gibt. Ikonenfelsen sind Bestandteil der traditionellen Ikonenmalerei.

Eine im Stil der 17. Jh. gemalte Felsformation mit bandartig verlaufenden Felsformen, senkrecht fallenden Einschnitten und scharf auslaufenden Spitzen. Die Bäume haben eine runde Form und sind voll belaubt. Das war in früheren Ikonen nicht der Fall.

Wenn auf einer alten russischen Ikone eine bestimmte Handlung dargestellt wird und in deren Hintergrund ein bestimmtes Gebäude, so kann das bedeuten, daß sich die Handlung des Vordergrundes innerhalb oder auch außerhalb dieses Gebäudes abspielt. Nur das Verständnis der Szene, die Kenntnis der Legende und der Ikonographie hilft, wenn man wissen will, ob sich die Handlung innerhalb oder außerhalb des Gebäudes abspielt.

Bewohnte Gebäude werden deshalb häufig zusätzlich gekennzeichnet. So sieht man in einer Verkündungsikone das Haus Mariens dadurch hervorgehoben, daß man darüber ein rotes Tuch so malte, als sei es zwischen den Dächern verspannt. Damit soll also zum Ausdruck gebracht werden, daß sich diese Szene – wie in der Bibel beschrieben – im Raum abgespielt hat.

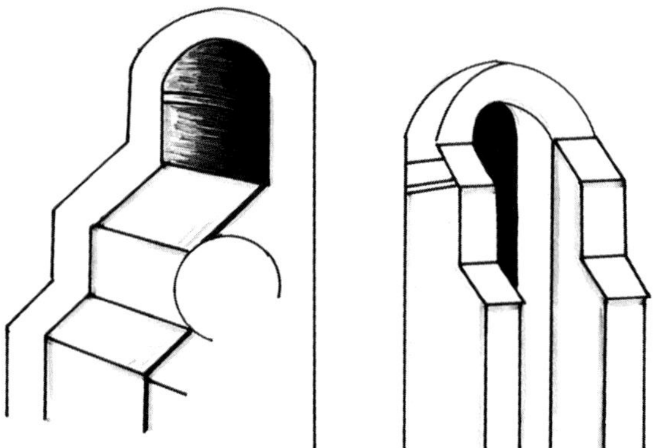

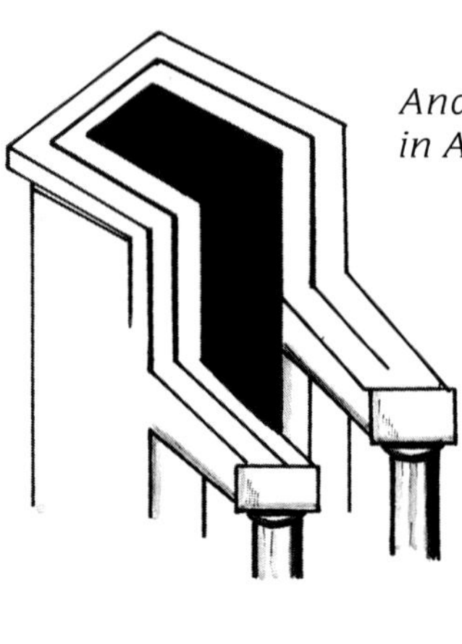

Analogien zu den Ikonenfelsen in Architekturdarstellungen

Charakteristische »Treppenfelsen« neben weiterer stilisierter Naturstaffage auf dieser Ikone der »Verklärung Christi auf Tabor« ▶

Η ΜΕΤΑ
IC
XC
ΜΟΡΦΩCIC

Reichhaltige Architekturkulissen auf den beiden Ikonen. Oben Ikone des Hl. Georg, des Drachentöters. Unten, die sog. alttestamentliche Dreifaltigkeit. Drei Engel kehren bei Abraham und Sarah ein und weissagen ihnen ihre reiche Nachkommenschaft. Das gleiche Motiv liegt der Dreifaltigkeitsikone Rubljows zugrunde.
Die Ikonen wurden von Frau Schrittwieser, Wien, gemalt.

Architekturkulisse in der Ikone »Einzug in Jerusalem«

Stilisierte Architekturformen in Parallelperspektive und flächiger Malweise

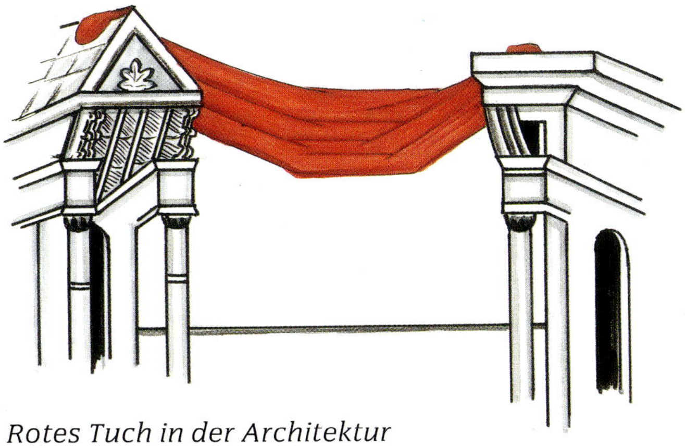

Rotes Tuch in der Architektur
in einer Ikone des Evangelisten Lukas, 16. Jh.

Architekturkulissen
auf dieser Verkündigungsikone.
Über dem Haus Mariens sieht
man das aufgespannte rote Tuch.
Ikone von Frau Schrittwieser, Wien.

Josef und Maria in Galiläa.
Das rote Tuch ist zwischen
den Architekturkulissen
verspannt.
Gemalt wurde diese Ikone
von Frau Schrittwieser, Wien.

Perspektive

Bedeutungsperspektive

Bei der Bedeutungsperspektive ist die wichtigste, bedeutendste Person größer als die übrigen dargestellt. Ein Beispiel hierfür ist die Nowgoroder Ikone des »Johannes Klimakos mit den beiden Viehpatronen Wlassi und Georg« aus der zweiten Hälfte des 13. Jh. (siehe unten). Die moderne Ikonenmalerei ist im Grunde von diesem Prinzip der Darstellung nicht abgewichen, wenn man z.B. einen Vater größer als seinen Sohn malt.

Bedeutungsperspektive: Der Hl. Johannes Klimakos wird hier als wichtigste Figur der Dreiergruppe mehr als doppelt so groß dargestellt wie seine Begleiter. Nowgoroder Ikone aus der 2. Hälfte des 13. Jh.

Umgekehrte Perspektive

Die umgekehrte Perspektive steht im Gegensatz zur Zentralperspektive. Die antike Kunst hat zwar den Grund zur künstlerischen Perspektive gelegt, diese aber nicht zur Perfektion der uns vertrauten Zentralperspektive ausgebildet. Die räumliche Darstellung von Gegenständen, Bauten usw. auf einer Bildfläche durch die Perspektive erzeugt beim Betrachter einen Raumeindruck. Der Ursprung der bei den meisten Ikonen angewandten umgekehrten Perspektive, auch »Niedersicht« genannt, ist noch nicht geklärt. Bei der umgekehrten Perspektive hat der Betrachter im Gegensatz zur Zentralperspektive keinen festen Standpunkt, sondern kann mehrere Standpunkte einnehmen.

Bei der Niedersicht können auf einer Fläche auch mehr Personen als bei Anwendung der Zentralperspektive dargestellt werden. Während bei der Zentralperspektive die vorderen Personen groß und die dahinterstehenden immer kleiner dargestellt sind, bis sie in der Bildebene verschwinden, werden bei der Niedersicht die hinteren Personen immer größer als die davorstehenden dargestellt, weil der Fluchtpunkt sich nicht in der Tiefe der Darstellung befindet, sondern davor. Beim Betrachter entsteht der Eindruck, als öffne sich der Blick mehr in der Tiefe des Bildes und »spitze« sich nicht wie bei der Zentralperspektive zu.

Auf manchen Ikonen werden beide Perspektiven kombiniert. So z.B. in der Ikone der »Hl. Dreifaltigkeit« von Andrej Rubljow. Die Öffnung im Tisch ist in Zentralperspektive, der Tisch und die Fußgestelle der Engel und ihre Köpfe aber in der umgekehrten Perspektive dargestellt.

Die umgekehrte Perspektive und die damit zusammenhängenden Bedingungen der Darstellung sind für die altrussischen Ikonenmalereien charakteristisch. Es wird oft die Auffassung vertreten, daß die mittelalterlichen Meister die Gesetze der räumlichen Wiedergabe noch nicht beherrschten. Diese Ansicht stützt sich auf unsere Sehgewohnheit, wonach Parallelen auf der Horizontlinie des Bildes zusammentreffen und die Gegenstände mit zunehmender Entfernung vom Vordergrund in entsprechender Verkleinerung dargestellt werden.

Heute neigt man eher zu der Auffassung, daß die umgekehrte Perspektive und die mit ihr verbundenen Besonderheiten nicht als Ergebnis der Unfähigkeit des Malers angesehen werden, sondern als eigenständiges System der Perspektive, das der linearen oder Zentralperspektive gleichberechtigt ist. Ein System, das sich unmittelbar mit der Position des Betrachters verknüpft: So

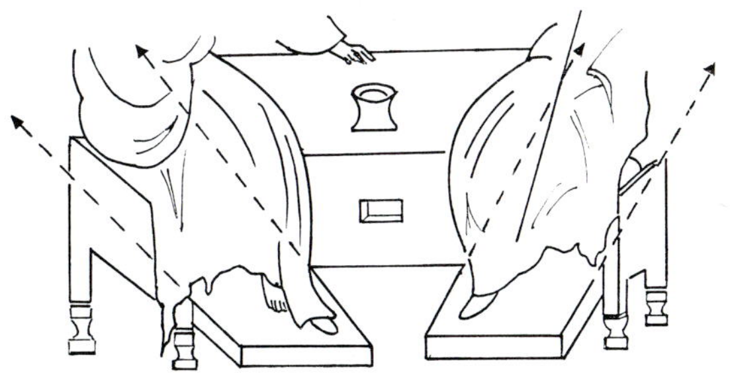

Die »Hl. Dreifaltigkeit«. Kopie der berühmten Rubljow-Ikone.

Umgekehrte Perspektive: Stilmittel der Ikonenmalerei, bei dem sich im Gegensatz zur Zentralperspektive die Raumlinien nicht in einem Fluchtpunkt im Bild treffen, sondern auf den Betrachter hin zufluchten. Nachzeichnung der Ikone »Hl. Dreifaltigkeit« von A. Rubljow.

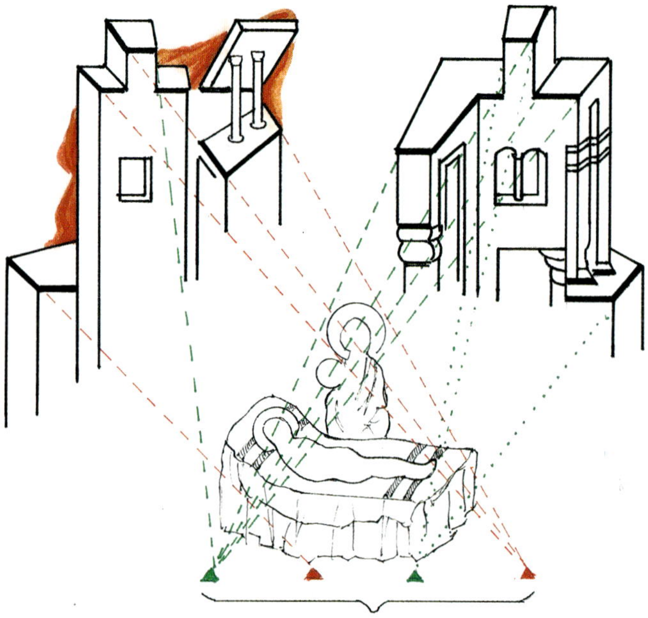

Vier Betrachterstandpunkte

ist die umgekehrte Perspektive das Ergebnis einer Zusammenfassung des visuellen Eindrucks einer Vielzahl von Standpunkten, die sich aus der Veränderung der Betrachterposition ergeben.

Die umgekehrte Perspektive (obratnaja perspektiva) oder Niedersicht läßt sich am deutlichsten bei Gebäuden wie z. B. in der Architekturkulisse in einem Fresko des Marientodes in Ochrid erkennen. Sie erlaubt dem Maler, die Trauernden in einzelne Gruppen der Engel, Apostel und Bischöfe aufzulösen (die hier wegen der Übersichtlichkeit des perspektivischen Liniensystems nicht eingezeichnet wurden). Durch den technischen Kunstgriff lassen sich in dem nach hinten offenen Bildraum zahlreiche Personen darstellen, ohne daß sie sich verdecken.

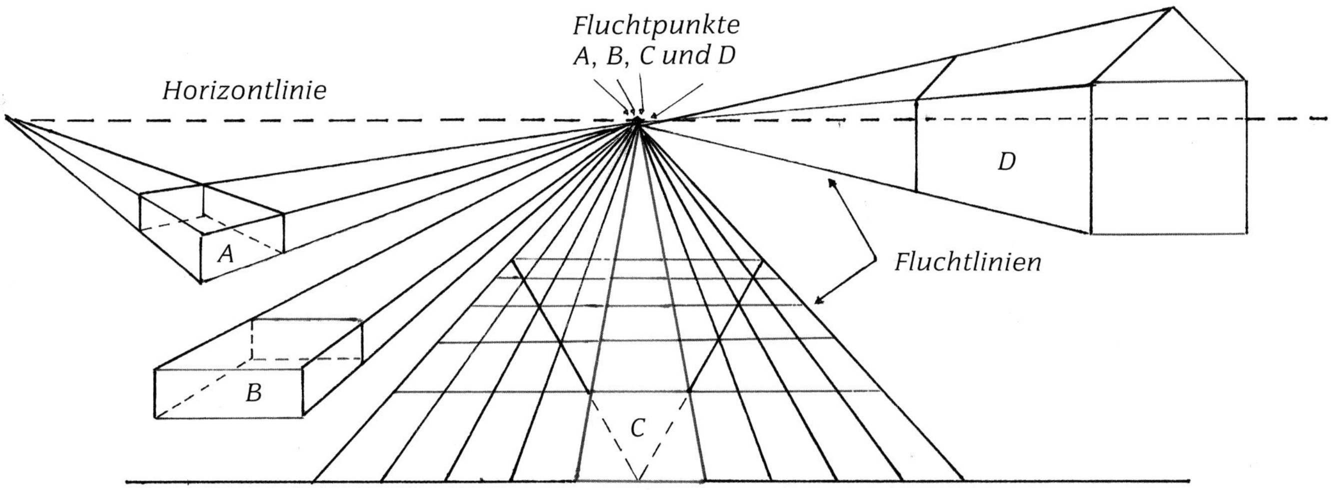

Zentralperspektive: Alle parallelen Linien laufen auf dem Horizont in einem Punkt (Fluchtpunkt) zusammen. Horizontale Linien bleiben dagegen waagerecht. Auch die senkrechten Linien bleiben unverändert, es sei denn, daß sie von einem extrem spitzen Winkel betrachtet werden. Die Abstände zwischen den horizontalen Linien (D) werden immer kleiner, je mehr sie sich dem Horizont nähern. Auf diese Weise entsteht eine sich optisch verkleinernde räumliche Wirkung, wie sie von Eisenbahngleisen bekannt ist. Der Gegenstand A hat 2 Fluchtpunkte, die übrigen Gegenstände nur einen.

Zusammenfassung der gebräuchlichen räumlichen Darstellungsweisen:

Linearperspektive oder Zentralperspektive

Sie ist seit 1400 in der Renaissance als System der Wiedergabe von Gegenständen bekannt, bei der sich parallele Linien in einem Fluchtpunkt auf der Horizontlinie treffen. Diese Art der Darstellung entspricht den menschlichen Sehgewohnheiten.

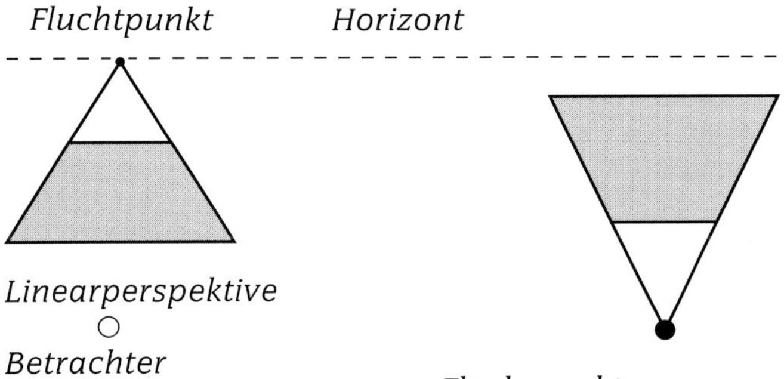

Fluchtpunkt in der umgekehrten Perspektive und Betrachterstandpunkt

Umgekehrte Perspektive
(obratnaja perspektiva)

Sie ist für die Anwendung in der altrussischen und byzantinischen Ikonenmalerei charakteristisch. Wie die Formen der umgekehrten Perspektive in der Ikonenmalerei real entstehen, war unklar. Sie setzt keinen festen Standpunkt, sondern einen sich verändernden Betrachterstandpunkt voraus. Jeder Gegenstand hat einen eigenen Fluchtpunkt, der unter der Grundlinie des Gegenstandes liegt.

Parallelperspektive

Bei dem System der Parallelperspektive verlaufen alle Linien und Kanten bei Gebäuden parallel zueinander und haben keinen Fluchtpunkt. In der Ikonenmalerei wurden Gebäude frontal zum Betrachter ohne Raumtiefe in Parallelperspektive dargestellt.

Der Raum- und Zeitbegriff bei Ikonen

In der altrussischen und byzantinischen Ikonenmalerei ist die Wiedergabe räumlicher Merkmale auf der zweidimensionalen Fläche einer Ikone durch die geringe Tiefe gekennzeichnet.

Bei Anwendung der umgekehrten Perspektive (obrantnaja perspektiva) wird bewußt jede natürliche Erscheinungsform ausgeschaltet. Der Bildraum wird nicht als Fortsetzung eines irdischen Schauplatzes, sondern als Jenseits empfunden. Auch szenische Darstellungen werden transzendiert. So werden auch Handlungsabläufe, die sich über eine gewisse zeitliche Spanne nacheinander abspielten, auf ein und derselben Ikone dargestellt.

In der Ikone werden meist zwei Zeitpunkte zusammengefaßt und gleichzeitig wahrgenommen.

Frontale Darstellung

Deshalb sieht man z. B. bei der Enthauptung des Johannes des Täufers das Schwert über dem Kopf und sein schon auf der Schüssel liegendes, abgeschlagenes Haupt. Zwischenstadien, wie die des noch nicht gefallenen Körpers, werden nicht dargestellt. Gezeigt wird nur die erste und die letzte Situation.

Auch Bewegungsdarstellungen unterliegen einer strengen kompositorischen Gesetzmäßigkeit: Sie vollziehen sich für das Auge des Betrachters immer von links nach rechts (die linke Seite ist die Ehrenseite der Ikone; links steht die ranghöhere Person):

Z. B. von links
nähert sich der Verkündungsengel Maria und den Hirten,
zieht Christus in Jerusalem ein,
schreitet er auf Lazarus zu,
kommt der ungläubige Thomas auf Christus zu,
geht Maria in den Tempel,
kommen die Frauen zum leeren Grab,
kommen die hl. drei Könige zur Geburt Christi.

Z. B. links
steht Maria in der Deesis (in der Fürbittenreihe einer Bilderwand), aber zur rechten Hand Christi,
liegt der Kopf Christi bei der Grablegung,
liegt der Kopf der entschlafenen Maria,
um nur einige Szenen zu nennen.

Prinzipien der Frontalität

Die auf Ikonen dargestellten Personen – sei es Christus Pantokrator oder die Heiligen – sind nach allgemeiner orthodoxer Auffassung in der Ikone gegenwärtig. Der Gläubige will über das (auch notwendigerweise beschriftete) Abbild dem Dargestellten zur Verehrung von »Angesicht zu Angesicht« gegenübertreten. Die Vorstellung der Gegenwärtigkeit wird dadurch gesteigert, daß der Heilige in halbfigürlicher Darstellung bis an die untere Begrenzungslinie des Mittelfeldes gemalt ist und die Körperkonturen fast an die linke und rechte Seite des Mittelfeldes reichen. Der Heiligenschein reicht bei diesen Darstellungen oft über das Mittelfeld auf den oberen Ikonenrand hinaus.

Heilige Personen wurden, von einigen Personen abgesehen, niemals im Profil, sondern stets in betonter Frontalität gemalt. Im Profil dargestellte Heilige gestatten nicht den gewünschten direkten Kontakt mit dem Betrachter, denn es scheint, als würden sie sich abwenden. Dagegen werden nichtheilige Personen im Profil und ohne Heiligenschein gemalt, weil sie nicht verehrt werden.

Körperproportionen

Wie in der westlichen Kunst – beginnend mit Polyklet über Michelangelo, Dürer bis El Greco – Maler nach idealen Maßen suchten, nach denen sich ein wohlproportionierter Körper messen ließe, so kannte auch die Ikonenmalerei solche Schemata der Proportionen.

Im allgemeinen ging man von der Kopfgröße aus, die etwa achtmal in die Gesamtlänge des aufrechtstehenden, erwachsenen menschlichen Körpers paßt. Der Rumpf entspricht demnach etwa drei Kopfmaßen, Ober- und Unterschenkel sind ungefähr zwei Köpfe lang. In der Höhe zweier Kopfmaße von oben befindet sich die Brustwarze und einen Kopf darunter der Bauchnabel usw. Unter- und Oberarme sind gleich lang (siehe dazu auch die nebenstehenden Abbildungen).

Während sich in der Seitenansicht die Proportionen nicht verändern, kann man bei Dreiviertelansichten auf Ikonen häufig feststellen, wie sich Proportionen in der Waagerechten zunehmend verkürzen.

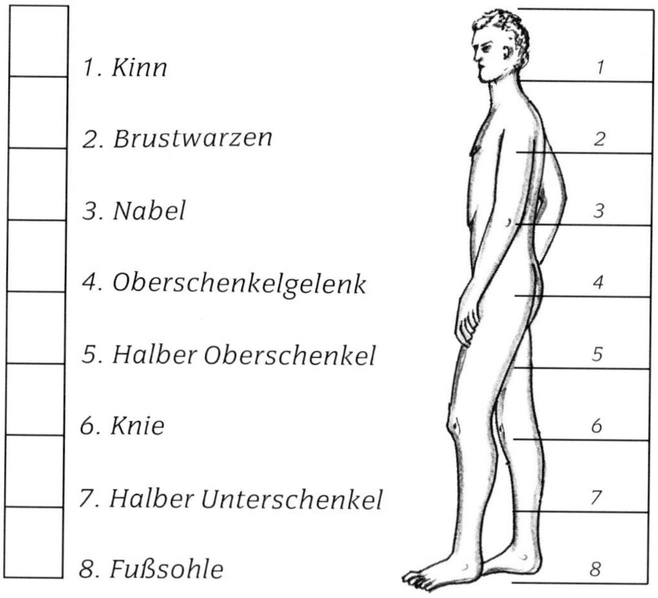

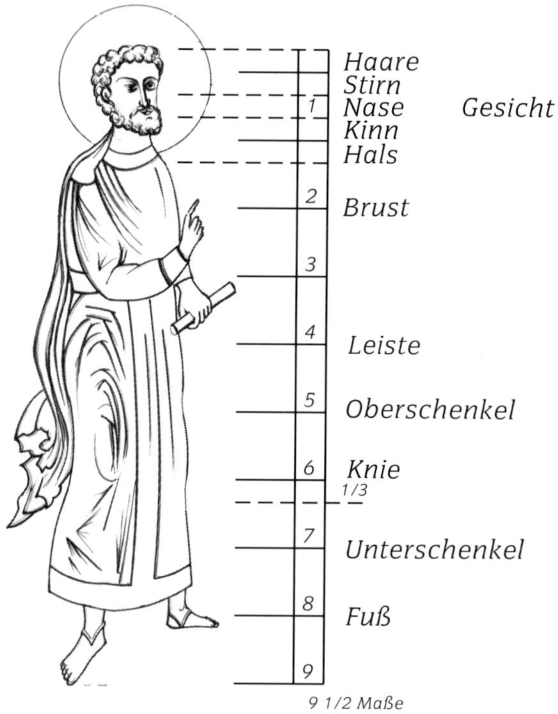

Frühe Ikonen halten sich noch weitgehend an das vorgegebene Idealmaß, das etwa acht Kopfmaßen entspricht. Auf späteren Ikonen werden die Personen häufig schlanker und eleganter dargestellt. Das gesamte Körpermaß entspricht häufig neun und mehr Kopfmaßen.

Gesichtsteile und Gliedmaßen

Weil heilige Personen auf Ikonen allgemein in betonter Frontalität gemalt wurden und die Gläubigen ihnen bei ihrer Verehrung von »Angesicht zu Angesicht« gegenübertraten, sind die nachfolgenden Zeichnungen auch auf die Frontalität abgestellt worden.

Den Kopf und seine Gesichtsteile zu malen, ist fraglos schwierig und wurde deshalb in russischen Malschulen jeweils vom Meister der Werkstatt ausgeführt. In den folgenden Abschnitten sind typische Kopfformen, Haar- und Barttracht, Augen, Nase, Mund sowie Handhaltungen, Segensgesten und Fußstellungen sowohl in realistischer als auch in stilisierter Form gezeichnet.

Kopfformen

Der in der Ikonenmalerei am häufigsten dargestellte Körperteil ist der Kopf mit dem Gesicht. Zur Ausarbeitung der einzelnen Gesichtsteile siehe die folgenden Abschnitte.

In der altrussischen und byzantinischen Ikonenmalerei wurde abweichend von der frontalen Darstellung in nebenstehender Zeichnung das Gesicht der dargestellten heiligen Personen, besonders das der Männer, in konkaver Wölbung dargestellt, so daß die vorstehende Stirn zum Betrachter übermäßig geneigt erscheint. Damit wird eine Wölbung des Profils hervorgerufen, die bei der Malweise der Gesichter mitunter als unnötige und störende Deformation empfunden wird. Außer Gesichtern wurden auch Gegenstände und Gebäude konkav gewölbt.

Besonders bei den Kopfformen der Apostel Petrus und Paulus ist das System der Konkavität (die Kopfneigung und die Betonung der Stirn) erkennbar, wie es in den Ikonen besonders von Dionissi und Rubljow angewendet wurde.

Apostel Petrus

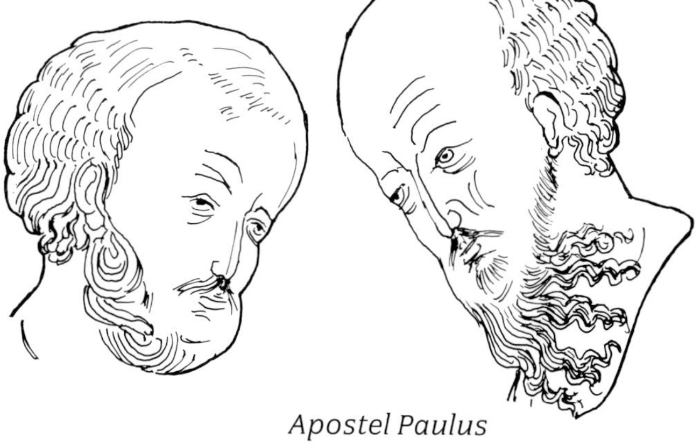

Apostel Paulus

Maria und Johannes d. Täufer (der Vorläufer) nähern sich Christus in Fürbitte-Haltung. Sie sind deshalb nicht wie Christus frontal, sondern in Dreivierteldrehung gemalt.

Ikonen links und rechts von Christus Pantokrator in der Fürbittenreihe (Deesisreihe) einer Ikonstase (Bilderwand) sind immer in einer Dreivierteldrehung zu Christus (in fürbittender Haltung) gemalt.

Bei Betrachtung der Zeichnung der Gottesmutter von Orans und der Proportionen an Hand der rechts von dem Antlitz angebrachten Linien wird deutlich, daß die äußeren Teile des Kopfes – Stirn, Scheitel, Hals – wesentlich größer sind als die zentralen Gesichtsteile Augen, Nase und Mund.

Bei der gleichmäßig verkleinernden Verengung des Blickfeldes entstehen runde Formen wie in einem Kegel.

Augen

Das Auge ist für den Gesichtsausdruck von besonderer Bedeutung und wird in der Ikonenmalerei anders als in der westlichen Kunst gemalt. Folgende Besonderheiten sind zu erwähnen:

1. Keine Augenbrauen wie bei einem realistischen menschlichen Auge, sondern ein von der Nasenwurzel ausgehender, meist asymmetrischer, nach außen schwach auslaufender Strich. Siehe auch den Abschnitt »Kopfformen«. Oft sind über dem Augenbogen zwei oder drei dünne Striche angebracht.
2. Keine runde, sondern eine mandelförmige Hornhaut (Iris).
3. Eine hart an das obere Augenlid gemalte Pupille.
4. Das untere Augenlid und die darunter befindlichen Augenbogen berühren nicht die oberen Augenlidlinien.
5. Ein weißer Lichtbogen rechts oder links neben der Iris betonen die gewollte Blickrichtung der Augen.

Engel

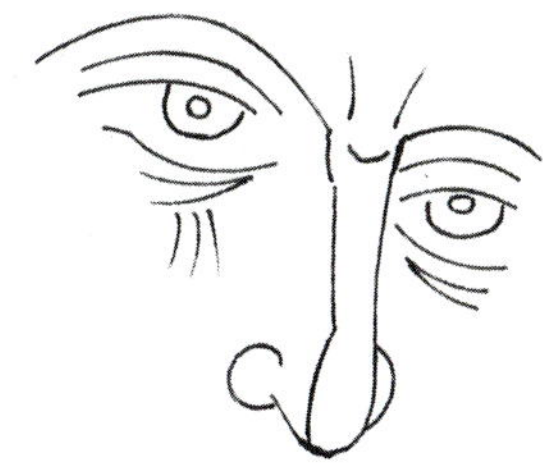

Johannes im Schweigen

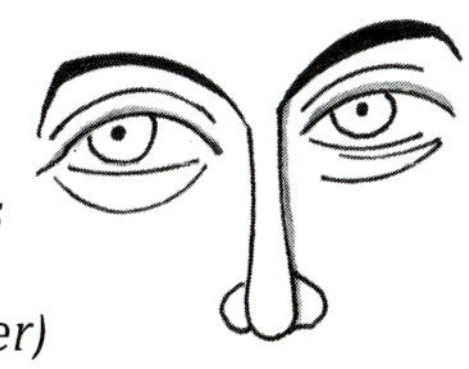

Acheiropoietos (ohne Hand gemalter Erlöser)

Hl. Athanasios

Patriarch Hiob

Detail der Gottesmutter Orans aus Jaroslawl. Die farbige Zeichnung zeigt Details des Gesichts mit den Lichtern (Otmetkis) über dem Augenbogen, unter den Augen, auf dem Nasenrücken, den Mundwinkeln, der Lippe und dem Kinn sowie die dunkel verockerten Partien unter dem Augenbogen, der Nase und Mund.

Unbeschadet der in einzelnen Ikonen variierenden Gesichtsproportionen lassen sich generell drei gleich große Teile des Gesichts wie Stirn – Nasenwurzel (I), Nase – Nasenspitze (II) und Nasen – Kinnspitze (III) feststellen.

Auch der letzte Gesichtsabschnitt (III) läßt sich ebenfalls in drei gleiche Abschnitte wie Nasenspitze – Mund (a), Mund – Kinngrübchen (b) und Kinngrübchen – Kinnspitze unterteilen (c).

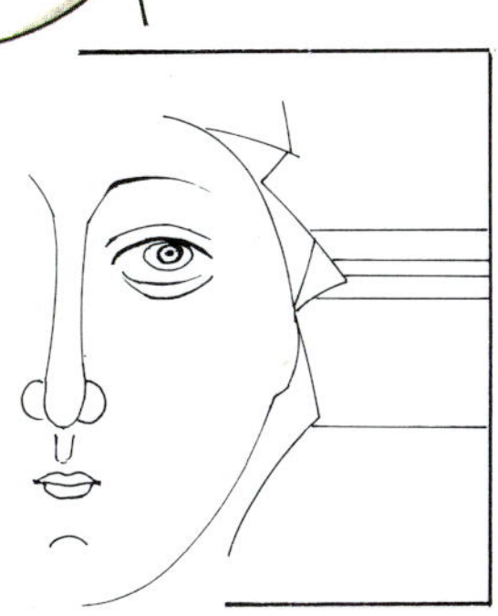

Gottesmutter Orans, Jaroslawl

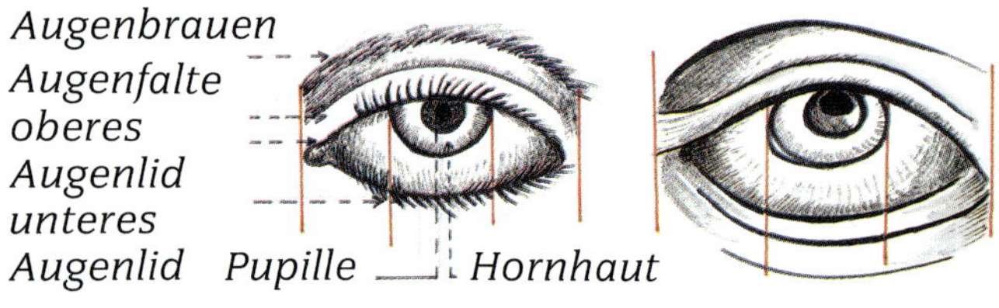

Bei der Ausarbeitung der Augen wird das obere Augenlid gegenüber dem unteren mit Ekseder (eine Mischfarbe aus Rot und Schwarz) oder reinem Schwarz betont, ebenso der Rand der Hornhaut und der Pupille. Die Grundfarbe der Augen bleibt die Sankirfarbe (ein Ockerton) mit Ausnahme des mit Weiß gemalten Lichtbogens an der Iris. Die meist runde Pupille wird schwarz gemalt (siehe Kapitel »Malen der Haut«). Bei der Neigung des Gesichts nach einer Seite werden die Augenlinien betont gebogen und miteinander verbunden.

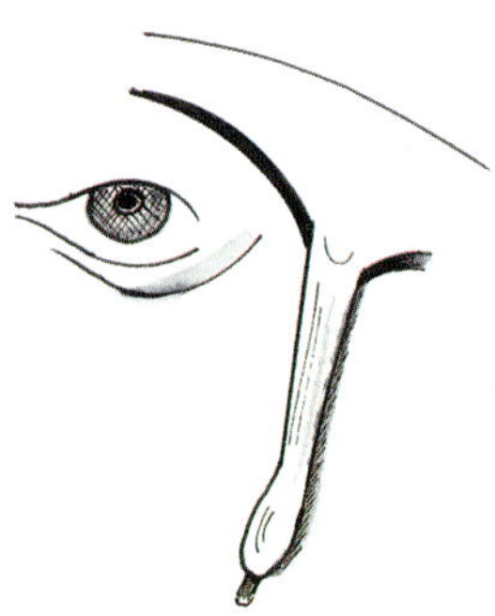

Detail einer Ikone des 14. Jh., Gottesmutter von Korsun

Detail einer Ikone

Nase

Auch die Nase zeigt gegenüber der westlichen Malerei Abweichungen:

1. Ausgehend von einer fast dreieckigen Form der Nasenwurzel nimmt sie zum mittleren Teil in ihrer Breite ab, in der Mitte wieder etwas zu und endet in einer tropfenförmigen Nasenspitze.
2. Bei frontaler Darstellung des Gesichts wird einer der Nasenflügel zur Wangenseite meist kleiner gemalt.
3. Die Nase ist betont lang und schmal.
4. Von den Nasenlöchern ist meist nur eins sichtbar.

Die Grundfarbe der Nase bleibt die Sankirfarbe. Der Mittelteil und die Nasenspitze wird mit Ocker aufgehellt und mit zwei helleren feinen Strichen betont. Konturiert wird die Nase mit dunklem Ekseder (eine Mischfarbe aus Rot und Schwarz) und die Nasenspitze mit Schwarz (siehe Kapitel »Malen der Haut«).

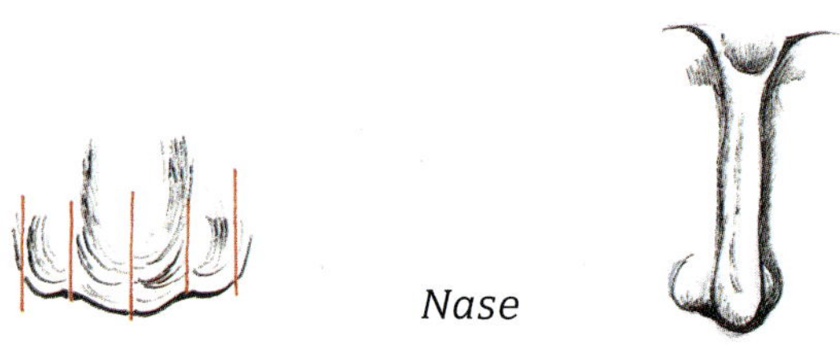

Nase

Mund

Der Mund wird auf Ikonen verhältnismäßig klein gemalt. Die Linien der Oberlippe und Unterlippe sind nicht miteinander verbunden, sondern getrennt.

Mund

Die Grundfarbe des Mundes bleibt die Sankirfarbe. Nur die Unterlippe wird aufgehellt und mit einem Rotton lasiert (siehe Kapitel »Malen der Haut«, S. 101 ff.).

Haar- und Barttracht

Verschiedene Bartformen sind auf Ikonen sichtbar: mal kurz, mal lang, rund und spitz (der »nasse« Bart), breit, groß, gespalten oder auch keimend, wie es die Malerhandbücher für den jeweiligen Heiligen vorschreiben. Entsprechend sind die Haar- und Bartformen auch unterschiedlich farblich anzulegen.

Frontale Darstellung des Erlösers mit dem nassen Bart

Frontale Darstellung
»Christus Pantokrator
(Christus der Allherrscher)«
gemalt von Paul Maslow

Eine allgemein gültige Form und Grundfarbe der Haupt- und Barthaare gibt es nicht. Meist wird die Grundfarbe des Gesichts (Sankir) auch für Haupt- und Barthaare verwendet.

Doch ist zwischen der Haar- und Bartfarbe Christi, bei jugendlichen Heiligen sowie dem Haar der Engel zu unterscheiden. Hierzu die nachstehende Aufstellung und Zeichnungen.

Haar	Grundfarbe	Aufhellungen
Gottvater	Weiß und Schwarz	Weiß
Christus	Dunkler Ocker und Schwarz oder	Lichter Ocker
	Siena gebrannt und Schwarz	Lichter Ocker
Emmanuel	Dunkler Ocker	Lichter Ocker
Greise	Weiß und Schwarz	Weiß
Engel	Dunkler Ocker und etwas Rot	Lichter Ocker
Christus	Umbra gebrannt oder Umbra natur	Lichter Ocker und weiß

Das nicht von Menschenhand geschaffene Bild Christi

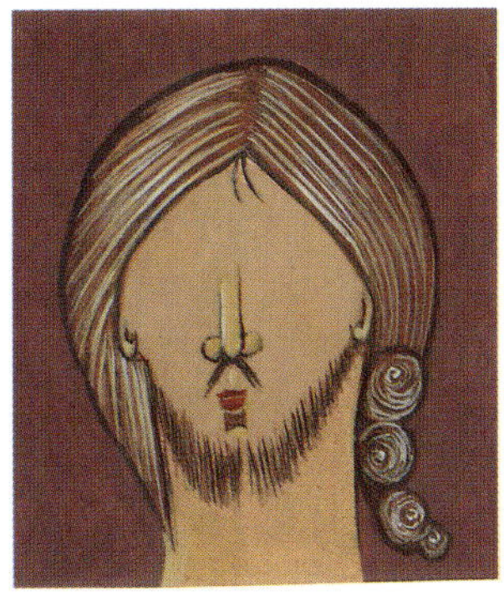

Christus das grimme Auge

Christus im Grab »Weine nicht über mich Mutter«

Christus Emmanuel

Ap. u. Evangelist Johannes

Haar- und Barttracht

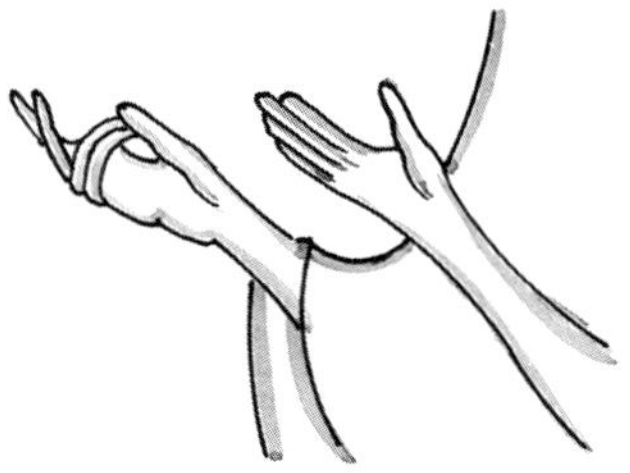

Fürbitte-Geste

Rednergeste

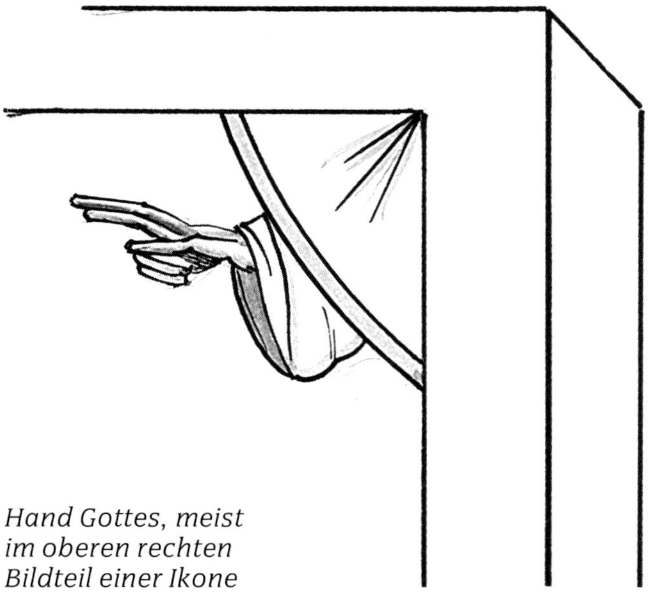

Hand Gottes, meist im oberen rechten Bildteil einer Ikone

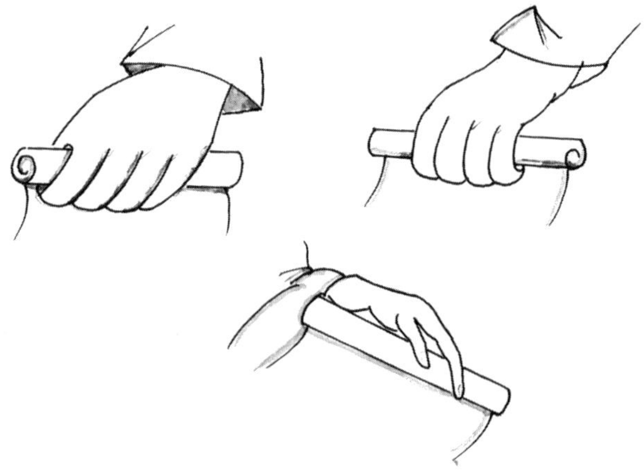

Unterschiedliche Handhaltungen bei liturgischen Büchern und geöffneten Schriftrollen, die verschiedenen Ikonen entnommen sind

Verhüllte Hände

Trauergebärde mit kreuzweise verschränkten Händen vor der Brust

Hände

Der »Gebärdensprache« der Hände ist auf Ikonen eine besondere Aufmerksamkeit zu schenken. Es hat sich im Laufe der Jahrtausende ein Gebärdenkanon mit festen weltlichen und religiösen Bedeutungen herausgebildet.

Handgebärden im Gebet

Betende können stehend oder kniend dargestellt sein. Aus frühchristlicher Zeit ist meist die Form der stehenden männlichen oder weiblichen Betenden bekannt. In einer weitverbreiteten Gebetshaltung dieser Zeit wurden die Arme schräg nach oben gestreckt und die Handflächen nach außen gekehrt. Die kniende Gebetshaltung »Proskynesis« ist orientalischen Ursprungs und im christlichen Kult ein Zeichen der Ehrerbietung und Demut.

Verhüllte Hände

In Rom und später auch bei den Moslems war es üblich, vor einer höherstehenden Person die Hände in der Kleidung zu verbergen, wie z. B. heute die Kardinäle die Hände im Mantel verbergen, wenn sie sich dem Papst nähern. Es handelt sich dabei um eine Unterwürfigkeitsgeste, die auch im byzantinischen Kaiserkult bei gabenbringenden oder -empfangenen Rangniederen üblich war.

Hände falten

Das Händefalten ist eine Unterwürfigkeitsgebärde unter den zunächst als Lehensherrn empfundenen Gott, besonders bei der Darstellung von Christus am Ölberg.

Aposkopein

Hierunter versteht man die Haltung der Hand vor der Stirn als Ausdruck gespannter Erwartung (z. B. in der Ikone »Himmelfahrt Christi« und Verkündung an die Hirten bei der Geburt Christi).

Hand Gottes

Die im Segensgestus aus einer Wolkenbank im oberen Bildteil einer Ikone dargestellte Hand Gottes hat nach dem Alten Testament die Bedeutung der schaffenden und segnenden Hand Gottes (2. Mose 14,26). Die Hand Gottes ist z. B. häufig beim Georgs-Motiv anzutreffen.

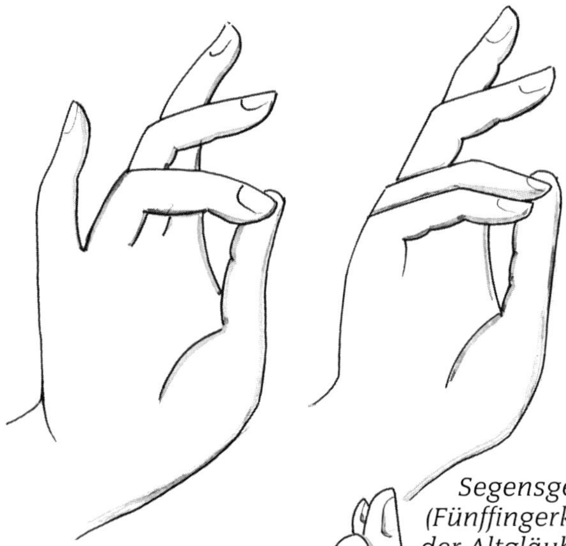

Segensgestus (Fünffingerkreuz der Altgläubigen

Segensgestus nach dem Malerbuch vom Berge Athos

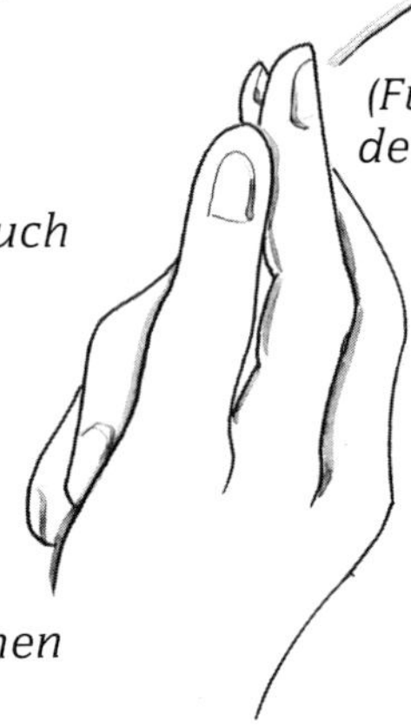

Segensgestus (Dreifingerkreuz) nach der Nikonschen Reform 1654

Fürbitte

Vorgestreckte, eng beieinander gehaltene Hände, wie z. B. der Gottesmutter und Johannes des Täufers in der »Deesisikone« sind Gesten der Fürbitte bei Christus um Vergebung für die Sünden der Menschheit.

Trauergebärde

Bei dieser Gebärde wird das Haupt in die rechte Hand gelegt und von der linken Hand gestützt, wie auf Darstellungen der Grablegung häufig zu sehen ist.

Segensgesten

Um das Jahr 1000 hat Rußland von Byzanz das Zweifingerkreuzzeichen als Hinweis auf die beiden Naturen in Christus (menschliche und göttliche) übernommen. Daneben gab es auch das Fünffingerkreuzzeichen, bei dem sich alle fünf Finger in den Spitzen berührten.

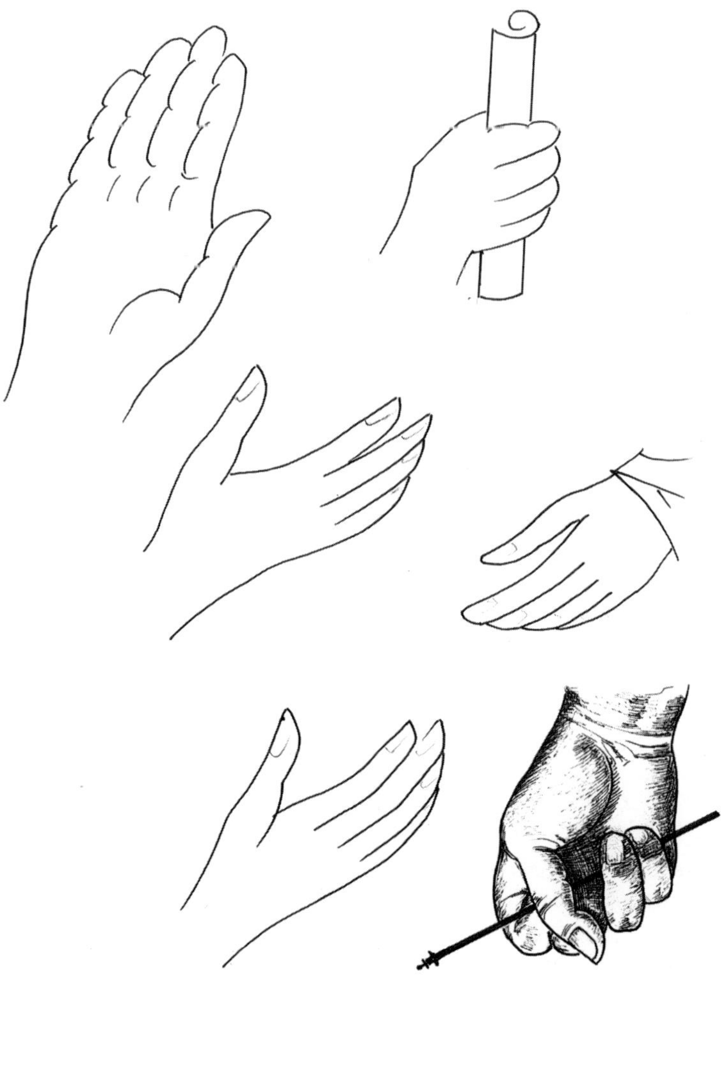

In der fürbittenden, meist aufrechten Körperhaltung der Deesis sind die Hände von Maria und Johannes leicht zueinander geneigt und vorgestreckt

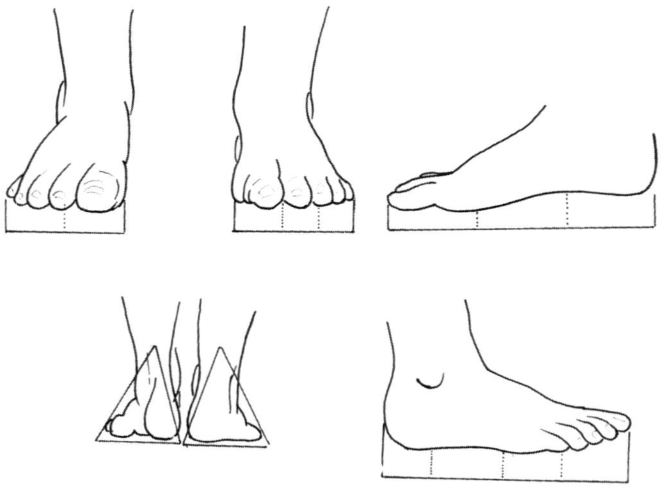

Im 12. Jh. trat das Dreifingerkreuz als Zeichen der Dreifaltigkeit auf. Von der Hundertkapitelsynode 1551 (russ. »Stoglav«) wurde das Zweifingerkreuz vorgeschrieben. Das vom Patriarch Nikon im Jahre 1667 im Zuge der Revision der liturgischen Bücher eingeführte Dreifingerkreuz wurde von den Altgläubigen (russ. »Strigolniki«) abgelehnt und es kam zum Schisma (russ. »raskol«). Sie hielten am Fünffingerkreuz fest, bei dem sich die Spitzen von Daumen, Ring- und kleiner Finger berührten und Mittel- und Zeigefinger ausgestreckt blieben. In der Handhaltung berührten sie Stirn, Brust und Schulter.

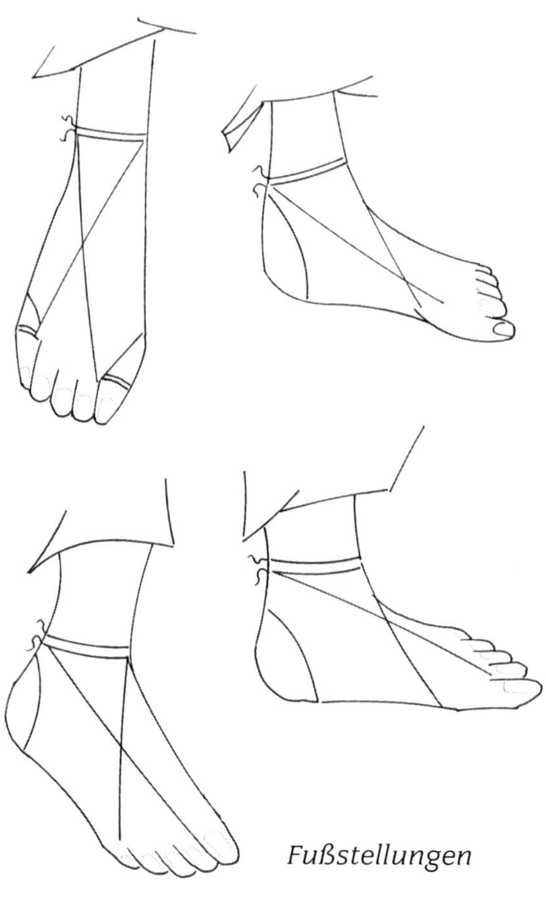

Fußstellungen

Füße

Der Fuß ist allgemein um die kleine Zehe breiter als die Hand. Bei Einteilung der Fußbreite in zwei gleiche Abschnitte entfällt der erste auf die große Zehe und zweite Zehe, der andere auf die übrigen kleinen Zehen.

Bei Einteilung der Fußbreite in drei gleiche Abschnitte entfällt ein Abschnitt auf die große Zehe und die beiden anderen auf die vier kleinen Zehen.

Die Innenseite der Fußlänge kann in etwa drei Abschnitte eingeteilt werden: einen für die Ferse, einen für die hohle Wölbung des Fußes und der dritte Abschnitt für den Zehballen und die große Zehe.

Wird die äußere Fußseite in vier Abschnitte geteilt, verläuft die erste Trennlinie durch die Mitte der kleinen Zehe, die zweite auf dem höchsten Fußrand und die letzte durch die Mitte des Fußknöchels.

Bei der Rückenansicht des stehenden Fußes herrscht die Dreiecksform vor.

Der Heiligenschein (Nimbus)

Ein vom 7. Jh. an überpersönliches Kennzeichen für die Heiligkeit aller in der Ikone abgebildeten Personen ist der Heiligenschein, der in unterschiedlichen Formen und Ausgestaltungen anzutreffen ist.

Formen der Nimben und Mondorlen

Die Formen eines Heiligenscheins sind unterschiedlich. Aureole und Gloriole sind kreisrund und umgeben das Haupt eines Heiligen, z. B. das der Gottesmutter, Märtyrer und anderer Heiligen. Dagegen hat die Mandorla eine ovale Form, die oben und unten spitz zuläuft und die ganze Gestalt, meist Christus, mit einem Strahlenkranz als Sinnbild seiner Herrlichkeit bzw. Heiligkeit umgibt.

In der Mandorla kann auch der Thron Christi oder ein Regenbogen als Thron dargestellt sein. Ikonographische Beispiele hierfür sind die Himmelfahrt Christi, Verklärung Christi sowie die Majestas Domini in den Apsiden von Kirchen.

Christus-Nimbus

Der aus der hellenistisch-römischen Welt übernommene und seit dem 4. Jh. allein bei Christus nachgewiesene Nimbus hat im Laufe der Zeit unterschiedliche Formen angenommen:

Bereits in der Antike galt der Nimbus (lateinisch: Wolke, Nebel) als Attribut der Göttlichkeit. Antike Dichter und Maler umgaben die auf der Erde erscheinenden Götter mit einer Wolke von überirdischem Glanz. Weil aber die flächenhafte Ausdehnung der Darstellung einer Wolke oft störend wirkte, halfen sich die Maler mit der Darstellung eines goldenen Lichtglanzes um den Kopf, der dann später von der christlichen Kunst übernommen wurde.

In der Ikonenmalerei ist der Nimbus ein zeichenhaftes Attribut der Heiligkeit und unterscheidet sich von individuellen Attributen, wie z. B. den Schlüsseln des Apostels Petrus.

Charakteristisch ist bei Christusdarstellungen der Kreuznimbus. In den nebenstehenden Zeichnungen sind verschiedene Kreuznimben dargestellt. Gottvater mit siebenzackigem Nim-

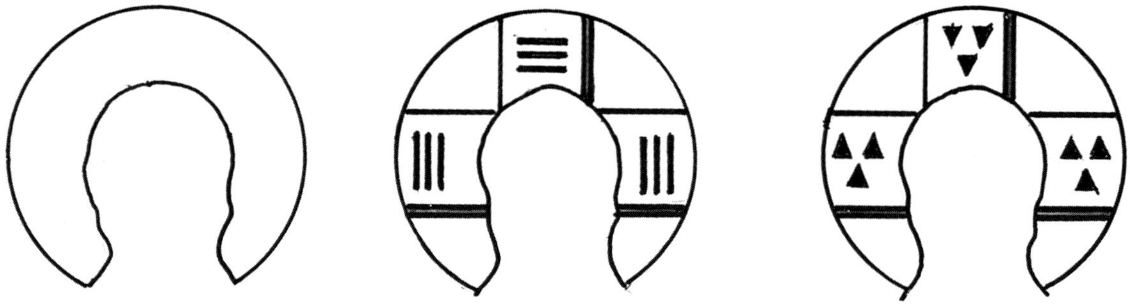

Die Doppellinien in den Kreuzarmen der Nimben symbolisieren die beiden Naturen (menschliche und göttliche) in Christus

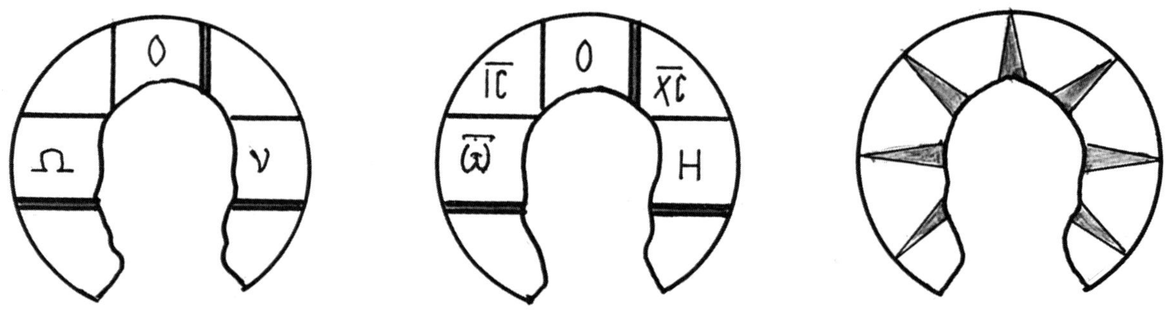

Gottvater-Nimben

Von dem achtzackigen Nimbus bei Gott-Vater sind immer nur sieben sichtbar. Die Zacken gelten als Ewigkeitssymbol.

bus als Symbol der sieben Schöpfungstage. Die im Kreuznimbus eingeschriebenen griechischen Kürzel IC XC sind die Anfangs- und Endbuchstaben für Jesus Christus und die griechischen Buchstaben ho on bedeuten nach 2. Moses 3,14 »Der Seiende«.

Gewandarten in der Ikonenmalerei

Auf den frühesten aus dem 6./7. Jh. erhaltenen Ikonen sind Personen mit wenigen Ausnahmen in antiken, griechisch-römischen und byzantinischen Gewändern gemalt. Obwohl nach dem Zerfall des weströmischen Reiches in Byzanz die Bekleidung einen orientalischen Charakter annahm, hielt man in der Malerei – auch später in der russischen Ikonenmalerei – am antiken Bekleidungsschema fest, um ein überzeitliches Milieu zu kennzeichnen.

Deshalb sind auch Christus, die Gottesmutter, Apostel und Heilige in der Ikonenmalerei meist in Gewändern griechisch-römischer Tradition dargestellt. In der antiken Kleidung Griechenlands gab es einfache, aber vielfältige und abwandelbare Grundformen. Man kann zwischen drapierter, umgelegter oder der im 6. Jh. aus dem Orient stammenden genähten Kleidung unterscheiden. Diese Gewandformen sollten vom Ikonenmaler auch heute beachtet werden und deshalb werden ihre wesentlichen Merkmale kurz charakterisiert.

Kleidung der Griechen

Im 5. Jh. vor Chr. trugen zunächst nur die Männer als Unterkleid orientalischen Ursprungs einen wollenen, selten leinenen kurzen Chiton, der direkt auf dem Körper anlag. Der Chiton war ein ärmelloses Hemd. Es gab ihn in zwei Formen: Der dorische reichte bis zu den Knien, wurde gegürtet oder ohne Gürtel getragen und war mehr oder weniger an der Seite offen. Er wurde später von beiden Geschlechtern getragen.

Der ionische war länger, hatte Ärmel, reichte bis zu den Füßen und war an den Seiten geschlossen. Der Chiton war meist das einzige Kleidungsstück der Krieger, Sklaven und Handwerker.

Beide Geschlechter trugen über dem Chiton das Himation, ein vielfach gefärbtes Woll- oder Leinentuch, das über den Schultern getragen wurde. Ein weiteres Kleidungsstück war die Chlamys, ein von der Schulter bis zu den Knien reichender rechteckiger wollener Mantel, den besonders berittene Krieger trugen.

Frauen besaßen neben Chiton und Himation auch den Peplos. Er war ein rechteckig geschnittenes wollenes Gewand, das aber weitgehend vom Chiton verdrängt wurde.

Die Fußbekleidung der Männer und Frauen bestand aus Sandalen oder hochgeschnürten Stiefeln. Die Sandale, aus einer Ledersohle und einem oder mehreren Riemen bestehend, wurde am Fuß befestigt.

Frauen trugen Diademe in Form von Stirnbändern und Haarbinden. Das Haar der Männer war in regelmäßigen Locken gelegt, bei Frauen geflochten und in verschiedenen anmutigen Knoten gebunden.

Griechischer Krieger in der Chlamys

Griechin mit langem Chiton und Überschlag (Diploidium)

Krieger mit Chlamys

Krieger mit Chiton und Chlamys

Römer in Tunika und Toga

Römerin in Tunika und Palla

Kleidung der Römer

Die römische Mode war von der griechischen weitgehend beeinflußt. Die Kleidung bestand aus der hemdähnlichen Tunika und der darübergeschlagenen Toga, die bei den Frauen Palla genannt wurde.Die Männertunika war ein ärmelloser Rock. Darüber trug man als Mantel die Toga, anfänglich ärmellos, später halbärmelig. Sie bestand meist aus weißer Wolle und wurde mehrfach kunstvoll um den Körper geschlungen. Frauen trugen über der Tunika die Stola, ein hochgegürtetes, langärmeliges Gewand, das bis zu den Füßen reichte. Ging man aus, wurde um die Stola die Palla als Mantel gelegt. Wie die Griechen trugen die Römer meist keine Kopfbedeckung. Die Fußbekleidung bestand ebenfalls aus Sandalen und Schuhwerk verschiedener Formen, wobei das der Frauen zierlicher als das der Männer war. Chiton und Peplos der Griechen entsprach der römischen Frauentunika. Römer trugen außer der Toga als Mantel das Pallium, das dem griechischen Himation entsprach.

Kleidung in Byzanz

Die byzantinische Kleidung verband spätrömische Formen mit orientalischem Prunk. Anstelle von faltenreichen Gewändern treten ab dem 6. Jh. eng anliegende und faltenarme, mosaikartig bestickte Kleider aus feinsten Seidenstoffen und Goldbrokat, mit kostbaren Steinen besetzt. Zum Gewand gehörte die bis auf die Knöchel reichende, mit Ärmeln versehene Tunika und der darüber getragene Mantel, die Trabea. Gewänder waren auch mit bunten Stickereien und Ornamenten überladen. Purpur und Diadem waren Symbole der Monarchie und herrscherliche Privilegien. In Byzanz spielten purpurne Besatzstreifen (Clavi), viereckige, ovale und runde Besatzteile eine wichtige Rolle. Frauen trugen metalldurchwirkte Stoffe, Brokate, Atlas, Gold, Perlen und Edelsteine sowie Seide mit Metallfäden, also ausgesprochene Luxusgewänder.

Heilige Agnes in byzantinischer Hofgewandung

Byzantinische Kaiserin Theodora mit Hofdamen

Byzantinischer Kaiser Justinian I. mit Hofbeamten

Byzantinischer Kaiser in langer Tunika, Loros (Schärpe) und Waffe

Byzantinische Kaiser- und Hofgewänder

Der byzantinische Kaiser, ebenfalls häufig in Ikonendarstellungen zu finden, ist als Repräsentant und Stellvertreter Christi und Kaiser von Gottes Gnaden (griechisch: enthos basileus) in einen Purpurmantel mit Tablion über einer langärmeligen Tunika gekleidet. Als Kopfbedeckung trägt er ein edelsteingeschmücktes Diadem und als Fußbekleidung Purpurschuhe.

Seine Gemahlin, die Kaiserin, trägt eine Tunika mit goldbestickten Borten und darüber einen dem Himation ähnlichen Purpurmantel. Ferner einen kragenförmigen Halsschmuck mit Edelsteinen, Perlen und mandelförmigem Anhänger. Das Diadem ist mit einem Stirnjuwel besetzt, und vom Haar fallen je zwei Perlenschnüre hinter dem Ohr an den Schläfen auf die Schultern.

Bei solchen Kaiserikonen geht es ebenfalls nicht um das Abbild des irdischen, sondern um eine geistliche Existenz. Hofdamen tragen faltenlose Gewänder und haben eine rein dekorative Bedeutung.

Ab 10. Jh. besteht das Kaisergewand aus der Divitision, das ist eine Tunika mit einer darüber getragenen langärmeligen Dalmatika und einer langen breiten edelsteinbesetzten Schärpe (Loros), die mehrmals um den Körper geschlungen wurde und deren Ende auf dem linken Unterarm lag. In älterer Form wurde der kaiserliche Loros vor der Brust gekreuzt und am Schulterstück ein senkrecht fallender Mittelstreifen befestigt.

Russische Herrschergewänder

Das byzantinische Herrschergewand wurde nach dem Fall von Konstantinopel 1453 in Rußland weiterentwickelt. Doch sind einheitliche, über Jahrhunderte bestimmte Gewandformen in der russischen Herrscherikonographie schwer nachweisbar. Iwan der IV. (1533–1584) hat bei seiner Krönung 1547 einen altrussischen Fürstenmantel mit langen Ärmeln und einen Pelzkragen getragen. Auch Darstellungen mit über die Schultern geworfenem, pelzgefütterten Mantel mit Zierärmeln und Zierstreifen sowie in rotgrundigen Sakkos mit schwarzgoldenem Blumenmuster und einer Krone ohne Pelzbesatz sind bekannt.

Der Zar Fedor Alekseevič (1676–168) trug bei seiner Krönung eine Kazan-Krone und ist auch in Sakkos mit Schultergeschmeide (Diadima) und Loros dargestellt worden.

In einer Beschreibung von Simon Uschakov (Zarenmeister in der Rüstkammer des Zaren) hat der Zar Fedor Somovič auf einem Wandbild im Facetten-Palast im Kreml, Moskau, ein goldbesticktes Untergewand (Zarenpurpur), einen über die Schulter geworfenen Sommermantel mit Ärmeln, an einem Knopf befestigt, getragen. Auf dieser Kleidung lag das Diadima (Schultergeschmeide) mit Anhängseln. Um den Hals ein Perlengeschmeide mit Edelsteinen.

Der Großfürst Vladimir von Kiew (972–1015), der von der orthodoxen Kirche apostelgleich kanonisiert wurde, trägt wie die Märtyrer ein Handkreuz und als Kopfschmuck die fünfzackige Krone.

Wegen der besonderen Ikonographie sei auf die von Simon Uschakov gemalte Ikone »Baum des russischen Reiches« verwiesen, in der Narren in Christo (Jurodiviyj), Metropoliten und Fürsten in zehn Medaillons dargetellt sind.

Der Hl. Fürst Daniel († 1303), Gründer des Daniel-Klosters in Moskau, trägt als Mönch eine lange Tunika und darüber das bis zu den Knien reichende Mönchsschema (Analobos) als Zeichen strenger Askese sowie eine Kapuze (Kukullion) und einen Mantel (Mönchsmaphorion) in brauner Farbe.

Russische Heilige Boris und Gleb mit Waffen und Handkreuz. Boris trägt als Mantelersatz einen asiatischen Ärmelkaftan über den Schultern.

Großfürst Vladimir von Kiew (972–1015) mit Fünfzackkrone, pelzbesetztem Mantel und achtkantigem Kreuz der Orthodoxie

Übersicht der in der Ikonenmalerei vorkommenden griechisch-römischen und byzantinischen Bekleidungsformen

Chiton – Das Unterkleid der Griechen aus Leinen oder Wolle ohne oder mit kurzen Ärmeln. Der kurze, auch von Frauen getragene, bis zu den Knöcheln reichende Chiton wurde auf den Schultern mit einer Brosche bzw. einem Knopf befestigt.

Himation – Ein langes, um beide Schultern und den Körper geschlungenes Manteltuch, das über dem Chiton getragen wurde.

Chlamys – Ein leichter, kurzer, ungegürteter Schultermantel, der über die linke Schulter gelegt und auf der rechten geknöpft oder mit einer Spange zusammengesteckt wurde.

Dalmatika – Ein langes weißwollenes, gegürtetes, bis zu den Fußknöcheln reichendes Gewand mit weiten Ärmeln. Sie ist eine Sonderform der Obertunika. In byzantinischer Hofkleidung vorn mit Purpurstreifen besetzt und unter dem rechten Unterarm ein schräg aufgesetztes Stoffstück (Tablion), in das man die Hände stecken konnte.

Kolobion – Eine von Griechen und Römern getragene einfache wollene Tunika ohne Ärmel mit Kopf- und Armdurchschlupf, die bei Männern bis zum Knie und bei Frauen bis zu den Knöcheln reichte.

Tunika – Ein zusammengestecktes oder genähtes hemdartiges Untergewand mit langen weiten Ärmeln, in das vom Hals bis zum unteren Saum Längsstreifen (Clavi) eingenäht waren. Männer trugen sie bis zu den Knien und Frauen gegürtet bis zu den Knöcheln. Römer trugen darüber die Toga und Frauen die Palla.

Peplos – Ein von griechischen Frauen und Männern getragenes ärmelloses Untergewand, das um den Körper geschlungen und auf den Schultern befestigt wurde. Durch Gürtung entstand ein Überschlag (Kolpos). Der Peplos wurde später vom Chiton verdrängt.

Toga – Ein vielseitig um den Körper geschlungenes römisches mantelartiges Obergewand, über das man die Lacerna mit Kapuze als Regenmantel trug. Die Toga entspricht dem griechischen Himation. Nur freie Bürger Roms durften die weiße Toga tragen. Aristokraten trugen sie mit Purpurstreifen.

Dalmatika

Christus in Dalmatika und Mantel (Himation)

Himation

Palla

Paenula

Peplos

Apostel Paulus in Tunika

Männertunika

Sagum

Palla — Ein glockenförmig geschnittener Frauenmantel mit Kapuze, der Toga als Obergewand des Mannes entsprechend.

Paenula — Ein glockenförmig geschnittener Schultermantel mit Kopfdurchschlupf, der bei schlechtem Wetter über der Tunika getragen wurde.

Lacerna — Ein vorn offener Schultermantel mit Kapuze (Cucullus), der auf der Schulter mit einer Brosche oder einem Knopf zusammengehalten wurde. Entspricht der Chlamys, aus der das Sagum entwickelt wurde.

Maphorion — Ein von Frauen als Mantelkopftuch getragenes großes quadratisches Tuch mit Ziersaum, das wahrscheinlich aus dem Peplos entstanden ist.

Sagum (Trabea) — Ein der Lacerna ähnlicher, nur größerer Soldatenmantel. Es war auch das offizielle Gewand des Lictor (öffentlicher Beamter).

Stola — Ein mit Borten und Purpurstreifen geschmücktes Obergewand römischer Frauen, das besonders lang und weit war. Durch zweifache Gürtung entstand ein faltenreicher Überwurf. Charakteristisch ist die lange am unteren Gürtel angenähte Schleppe, die bis an die Knöchel reichte.

Christus der Weinstock im Kreis der zwölf Apostel, alle gekleidet in Chiton und Himation (Original von Irene Schrittwieser, Wien)

Gewand Christi

Das Gewand Christi bestand seit frühchristlicher Zeit aus einer einfachen Tunika (griech. Chiton) meist mit »clavi angusti« besetzt und dem Pallium (griech. Himation). Die clavi angusti waren zwei schmale Zierstreifen, die auf der vorderen

Seite der Tunika parallel und senkrecht von oben bis zum unteren Saum verliefen.

Der Chiton war ein Untergewand, das als Hemd und einziges Kleidungsstück getragen wurde. Es wurde entweder als viereckiges Stoffstück um den Körper gelegt und auf den Schultern sowie an der offenen Seite zusammengesteckt oder in Form eines Hemdes genäht. Es hatte kurze oder lange Ärmel und zuweilen einen Aufschlag.

Der von Christus getragene Chiton hatte ursprünglich eine gelbe Farbe, die mit Goldschraffur aufgehellt wurde. Später war jedoch Rot als göttliche Farbe vorherrschend. In einer Miniatur trägt Christus bei seiner Kreuzigung ein ärmelloses, langes an der rechten Seite offenes Kolobion in Purpur mit Goldclavi (Zierstreifen).

Das Himation als purpurfarbenes Gewand kam im 7. Jh. auf und wurde über dem Chiton getragen. Man hat es zweimal schräg über den Körper geschlungen, wie es auch von Christus als Obergewand getragen wurde. Abweichungen beim Gewand Christi sind je nach Thema und Ikonenmotiv feststellbar. So z. B. bei der Taufe Christi, der Passion und bei Sondertypen wie Christus als Hoherpriester. Bei diesem, nach dem Fall von Konstantinopel 1453 aufgekommenen Ikonentyp trägt Christus eine bischöfliche Liturgiekleidung, als Kopfbedeckung eine Mitra (Kopfbinde), die dem byzantinischen Kaiserkult entlehnt ist. Bei seiner Verspottung vor Herodes trug Christus ein purpurnes Kolobion.

Im Dreifigurenbild der Deesis (Fürbitte) wird Christus meist halbfigurig und auf einem Sessel thronend im roten Chiton und blauen Himation dargestellt. Auch Darstellungen in Dalmatika und Himation sind nicht selten. In der Anastasis (Höllenfahrt) ist er mit Chiton und Himation und in der neutestamentarischen Dreifaltigkeit mit Dalmatika und Himation bekleidet.

Gewand der Gottesmutter

In der russisch-orthodoxen Kirche werden mehr als 800 wundertätige Ikonen der Gottesmutter verehrt. Ihre Vielzahl läßt sich auf nur wenige byzantinische Prototypen zurückführen, die Grundlage für die zahlreichen nach ihnen entstandenen Varianten bildeten.

In der russischen Ikonenmalerei und anderen traditionellen Ikonenländern wurde die Gottes-

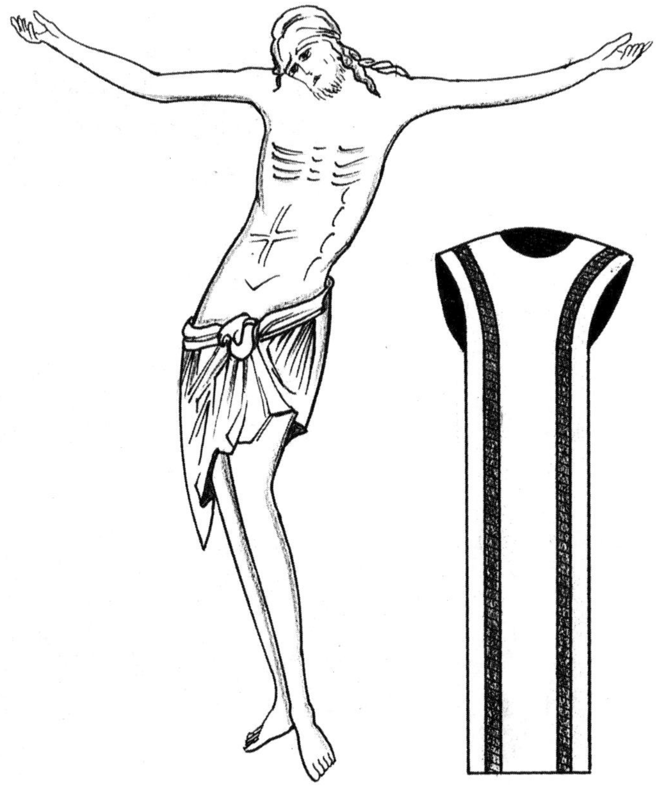

Nach 1000 wird Christus anstelle des Kolobions mit einem geknüpften Lendenschurz bekleidet dargestellt

Christus Pantokrator (russisch: Pantokrator, vsederžitel = Alleinherrscher) mit Segensgestus der rechten Hand und in der linken Hand ein geschlossenes Evangelienbuch. Er ist in der Regel mit rotem Chiton und blauen Himation bekleidet.

Neutestamentliche Dreifaltigkeit im besonderen ikonographischen Stil, der in der Kiewer Rus die Bezeichnung »Vaterschaft« erhielt. Christus Emmanuel sitzt im Schoß des Vaters und hält ein Medaillon vor der Brust mit einer Taube als Symbol des Geistes.

Gottesmutter Platytera, ein griechischer Ikonentypus, der auch in Rußland Verbreitung fand

Gottesmutter von Kazan mit vorn übergeschlagenem Maphorion, Ziersaum und Jungfrauensternen. Christus im goldschraffierten Himation (Mantel) und Segensgestus

Gottesmutter von Kazan, gemalt von Irene Schrittwieser, Wien

mutter – mit wenigen Ausnahmen – zusammen mit ihrem Sohn als Hinweis auf seine Menschwerdung (Inkarnation) gemalt.
Als Obergewand trägt sie ein wahrscheinlich im syrisch-palästinensischen Raum entstandenes Mantelkopftuch, das sogenannte »Maphorion«.

Es ist ein langes, rechteckig geschnittenes mantelartiges Tuch mit einem Ziersaum, das wie ein Mantel Brust und Schultern umgibt. Der Ziersaum ist auf Ikonen meist in der Technik der Goldmalerei (Assist) ausgeführt.

Das Maphorion konnte auch wie eine Kapuze vom Rücken über den Kopf gezogen werden. Auf manchen Ikonen trägt sie über dem Maphorion ein kleines Kopftuch, das lose auf die Schultern fällt.

Als Untergewand dient der Chiton in blauer Farbe und darüber das purpurfarbene kanonische Maphorion. Die Gewandfarben haben symbolische Bedeutung. Die Farbe Blau bezieht sich auf Maria als menschliche und Purpur als göttliche Mutter.

Das Sternemotiv

Auf dem Maphorion der Gottesmutter sind auf beiden Schultern und auf der Stirn je ein Stern in unterschiedlicher Form gemalt. Über den Ursprung und den Sinn der Sterne gibt es unterschiedliche Auffassungen. Die Anbringung von meist drei Sternen war während der mittelbyzantinischen Kunstepoche (9.–13. Jh.) nicht allgemein üblich.

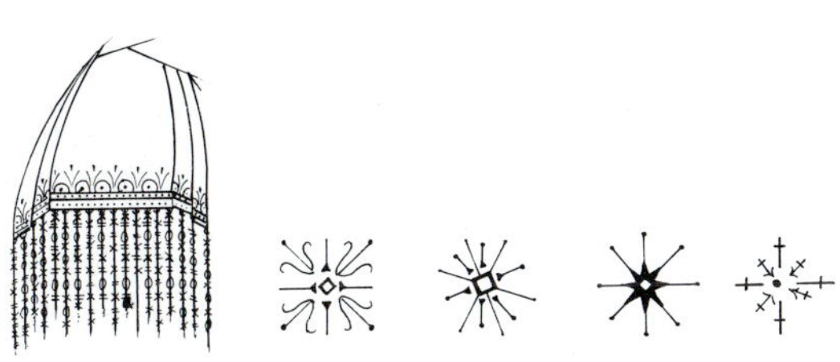

Ziersaum am Maphorion der Gottesmutter. Verschiedene »Jungfrauensterne« – der Stern symbolisiert die Jungfräulichkeit der Gottesmutter – die auf dem Maphorion der Gottesmutter abgebildet sind.

Nach allgemein anerkannter Auffassung ist das Sternemotiv ein symbolischer theologischer Hinweis auf die Jungfräulichkeit der Gottesmutter. Die Sterne werden auch als Symbol der Dreieinigkeit nach 1. Mose 18 gedeutet.

Die in Rußland übliche Bezeichnung »Gottesmutter des Zeichens« (russisch: Znamenie) mit dem im Clipeus (Rundbild) dargestellten Christus-Emmanuel geht auf die Jesajastelle 7,14 zurück, in der es heißt: »Der Herr wird dir ein Zeichen geben ...« Das »Zeichen« bezieht sich auf Christus-Emmanuel.

Gottesmutter von Vladimir (Vladimirskaja)
Vorbild ist eine um 1130 entstandene Ikone, die von Konstantinopel als Geschenk an den russischen Großfürsten Jurij Dolgoruskij nach Kiew und 1155 nach Vladimir an der Kljasma kam und daher die Bezeichnung »Vladimirskaja« erhielt.
Dieser Ikonentyp wird griechisch mit Eleousa und in Rußland mit Umilenie (Rührung, Zärtlichkeit) bezeichnet.
Auf dieser Ikone schmiegt sich Christus an die Wange seiner Mutter und umhalst sie.
Zu diesem Ikonentyp gehören u. a. die russischen Gottesmutterikonen »Donskaja« vom Don, die »Tolgskaja« vom Tolgakloster bei Jaroslawl und die »Korsunskaja« von der Hafenstadt Korsun, griechisch: Chersonnes, auf der Krim.

Gottesmutter Hodigitria
(Wegweiserin, Wegführerin)
Es ist ein bedeutender Ikonentyp, bei dem die Gottesmutter auf den Betrachter schaut und in traditioneller Gewandung und kaiserlicher Haltung mit der rechten Hand auf ihren Sohn weist.
Christus sitzt auf dem linken Arm, segnet mit der rechten Hand und hält in der linken eine geschlossene Schriftrolle als Hinweis auf seine Gelehrsamkeit. Die Urikone ist bei der Eroberung von Konstantinopel am 29.5.1453 zerstört worden.
Zu diesem Ikonentyp gehören die Gottesmutter von Smolensk »Smolenskaja« die »Kazanskaja« (Gottesmutter von Kazan) und die »Tichvinskaja« (Gottesmutter von Tichvin), also alles russische Städte.

Beide Ikonen, die Vladimirskaja und die Hodigitria, sind nach einer Legende des 10. Jh. vom Evangelisten Lukas gemalt worden und gelten als sogenannte »Lukasbilder«.

Ikone der Gottesmutter von Korsun
Die Urikone war im byzantinischen, kaiserlichen Besitz und kam im Jahre 988 als Geschenk für die Fürstin Euphrosine von Polozk nach Rußland. Da die Urikone über Korsun (griechisch Chersonnes), auf der Krim eingeführt wurde, wurden alle über Korsun nach Rußland eingeführte Ikonen als korsunsche Ikonen bezeichnet. Es ist eine Ikone vom Typ der Umilenie (Zärtlichkeit). Das Kind schmiegt sich zärtlich an die Wange seiner Mutter.

Ziersaum

Heiligendarstellungen

In der ikonographischen Tradition der christlich-orthodoxen Kunst wird eine festgeknüpfte Typologie der dargestellten Heiligen überliefert, in der trotz zeitgebundener formeller und stilistischer Abweichungen immer dieselben Charakterzüge und festgelegten Stellungen, die gleiche Frontalität wie auch die ursprüngliche Farbensymbolik beibehalten werden.

Die Darstellungsweise der Heiligen erhielt ihre endgültige Form nach dem Ende des Bilderstreits 843. Auf dem Konzil von 787 wurde u.a. beschlossen, die Heiligen ohne Attribute darzustellen, die an das Alltägliche erinnern. Im Laufe der Zeit löste sich die Darstellung der Personen von der Monotonie in der Komposition und ein Streben nach Eleganz in der Zeichnung, Entwicklung der Proportionen der menschlichen Gestalt, Lockerung der Haltung wird erkennbar. Man bleibt aber bei der flächigen Darstellung des Körpers ohne Zeichen der Leidenschaften und Gefühlsausbrüche, die ruhige Selbstbeherrschung und verhaltene Freude ausstrahlen.

Auf Ikonen sind Heilige generell nimbiert (mit Heiligenschein) und mit einer Beischrift versehen. Für die Darstellung bestimmter Heiligen haben die Ikonenmaler Vorzeichnungen aus in der Malerwerkstatt vorhandenen Malerhandbüchern (Podlinniki) entnommen.

Die Apostel Thaddäos, Andronikos, Prochoros und Timon, gewandet in Tunika, Himation und Orarion

Heilige der Ostkirche sind Propheten, Apostel, Hierarchen (in der Kirche bedeutende Funktionsträger), Bekenner (die um Christi willen litten, ohne den Tod des Martyriums zu erdulden) sowie auch Gezeichnete, die wegen ihres Bekenntnisses des wahren Glaubens gebrandmarkt wurden, Märtyrer, Großmärtyrer, Hieromärtyrer (Märtyrer aus dem Priesterstand) und Hisiomärtyrer (Märtyrer aus dem Mönchsstand), Uneigennützige, die ohne Geldannahme heilten, Asketen (die in der Wüste ein strenges Leben führten), Styliten (die einen Teil ihres Lebens auf einer Säule in Askese lebten) und Selige sowie Einfältige, die sich aus Frömmigkeit um Christi willen Spott und Verhöhnung aussetzten.

Einzug in Jerusalem. Christus, die Apostel und die Bewohner Jerusalems tragen die römisch-griechische Gewandung, die aus Tunika (Chiton) und Pallium (Himation) besteht. Gemalt wurde diese Ikone von Irene Schrittwieser, Wien.

Heilige der Ostkirche in typischen Gewändern (Soldatenheiliger, Priester und weltliches Gewand tragender Heiliger)

Gewänder der Apostel

Apostel trugen auf frühen Ikonen eine schlichte oder durch stärkeren Faltenwurf bereicherte Tunika und das Pallium. In mittelalterlicher Zeit wurde das Pallium, das nichts anderes als das griechische Himation war, zu einem engen, am Hals geschlossenen Mantel umgewandelt. Die Gewandung der Apostel wurde zwar durch die Zeitmode geringfügig modifiziert, aber doch als Topos beibehalten. Das Pallium war die charakteristische Kleidung der Philosophen, Christi, der Apostel und Heiligen der griechisch-orthodoxen Kirche. Im Laufe der Zeit entwickelte sich eine antikisierende, teils phantasievolle »ideale« Gewandung der Gestalten des Neuen Testaments. Auf den Seiten 16 und 73 sehen Sie Vorlagezeichnungen für Apostel nach dem Stroganow-Malerhandbuch.

Gewänder der Heiligen

Orthodoxe Bischöfe werden nur im bischöflichen, pontifikalen Meßornat dargestellt, weil eine Darstellung außerhalb ihrer primären liturgischen Funktion ohne Bedeutung ist.

Mönche seit dem 10. Jh. in bodenlanger dunkelfarbiger Tunika (Kutte) und Mantel (Mönchsmaphorion), im großen Mönchsschema (Analobos) und Kapuze (Kukullion).

Asketen in Kutte und Analobos.

Kriegerheilige in kurzem Chiton mit Schwert und Handkreuz, Beinschienen und über dem Chiton eine Rüstung mit Metallplatten (Ptergia).

Märtyrerinnen und heilige Frauen in einfachem dunklen, vor der Brust geschlossenen Gewand, der Kopf mit einem Maphorion bedeckt und in der Hand meist ein Handkreuz als Zeichen ihres Martyriums.

Kaiserinnen wie die Heilige Irene und Heilige Theodora werden in kaiserlichen Gewändern und mit einer Krone dargestellt.

Fürstinnen wie die Heiligen Barbara und Kyriake in reich verziertem Mantel und dem Prosoloma als Kopfbedeckung.

Die Heilige Katharina im kaiserlichen Gewand, weil sie Nachkomme einer kaiserlichen Familie war.

Gewänder der Asketen, Eremiten und Mönche

Asketen, Eremiten und Mönche widmeten sich als höchster Aufgabe dem ununterbrochenen Gebet zum eigenen Seelenheil und als Buße für die ganze Welt. In Rußland genossen die Mönche beim Volk als Verteidiger des Glaubens sowie als Klostergründer, wie die Hll. Antonij und Theodosij als Gründer des Kiewer Höhlenklosters, und zum Teil auch als »Wundertäter« große Verehrung.

Eremiten trugen ein Fellgewand oder waren wie der Hl. Onuphrius auch unbekleidet. Das Mönchsgewand bestand aus einer bodenlangen gegürteten Tunika (Kutte). Darüber wurde entweder das kleine oder große Mönchsschema (Analobos) getragen. Das große Mönchsschema war ein über die Knie reichendes schmales, dem

Mönch mit großem Schema, auch Analobos genannt

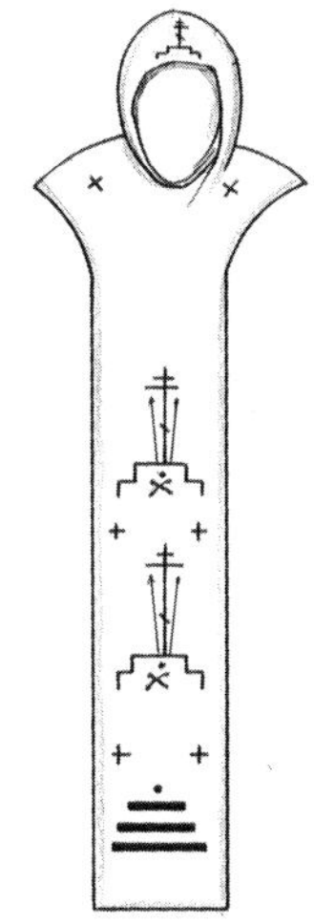

Schema der russischen Fürstin Anne Kašinskaja nach einer Ikone des 20. Jh.

Mönchsgewand: Tunika, darüber Maphorion und Schema

römischen Skapulier ähnelndes Tuch, an dem eine Kapuze (Kukkulion) angebracht ist. Die Kapuze und der vordere Längsteil des großen Schema waren mit Kreuzen und den Leidenswerkzeugen Christi bestickt. Über Kutte und Analobos konnte ein Mantel, das sogenannte Mönchsmaphorion, getragen werden, das vorne am Hals geschlossen und von unterschiedlicher Länge war. Bei bodenlangen Mänteln sind deren Zipfel öfter vor den Knien verknotet worden.

Soldaten- und Reiterheilige

Die in der Ostkirche verehrten Soldaten- und Reiterheiligen wurden in der frühbyzantinischen Kunst in einem fußlangen Chiton mit Ärmeln und der langen Chlamys mit rechteckiger Tablia auf der Brust dargestellt.

Um den Hals trug man das goldene Maniakion. In der Weiterentwicklung des Soldatengewandes wurde der Chiton kürzer. In der linken Hand trägt der Heilige ein Schwert und in der rechten ein Handkreuz. Die Beine waren durch Beinschienen geschützt. Über dem Chiton wurde ein eiserner Panzer getragen, von dem Metallplatten »Ptergia« herunterhingen.

In der Ikonenmalerei sind Soldaten- und Reiterheilige auch mit dem Sagum/Trabea (großer, vorn offener Soldatenmantel) oder kurzärmeliger, knappen Tunika und mit Metallplatten gepanzertem Kurzrock dargestellt worden.

Der in der Stroganow-Schule gegen Ende des 16. Jh. gemalte Panzer ist charakteristisch für die dekorative Ausschmückung von Details einer Rüstung. Der obere Teil hat ein Zierornament, und die Brustspange darunter ist mit bunten Steinen verziert. In der Mitte sind Metallplatten in Form einer achteckigen Rosette zusammengefügt, die vom Zentrum aus immer größer werden und ihre kreisförmige Anordnung strahlenförmig beibehalten. Der untere Teil schließt mit einer Doppelreihe von Metallplatten ab.

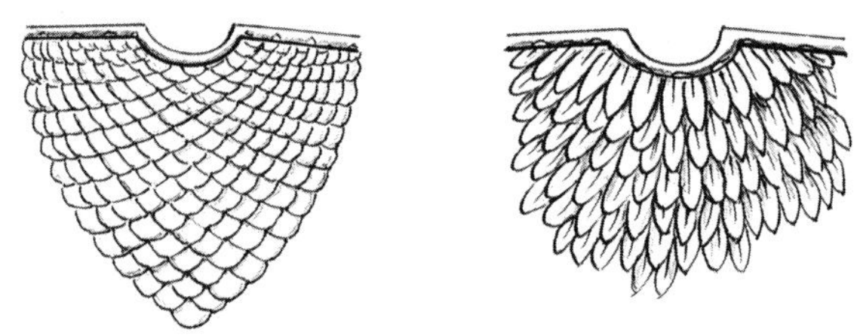

Ein Schuppenpanzer, dessen Platten durch Ringe und Haken mit Draht verbunden sind und an der oberen Kante durch zwei Löcher ebenfalls mit Draht verbunden wurden. Die Haken werden durch die darüber liegenden Platten mit ihren runden Enden verdeckt.
Rechts ein römischer Schuppenpanzer, dessen Platten aus Horn oder Metall auf Leder oder Leinwand genäht sind und die Form von Fischschuppen bilden.

Der Hl. Georg

Harnische bzw. Panzer, wie sie in der Ikonenmalerei von Kriegerheiligen getragen werden

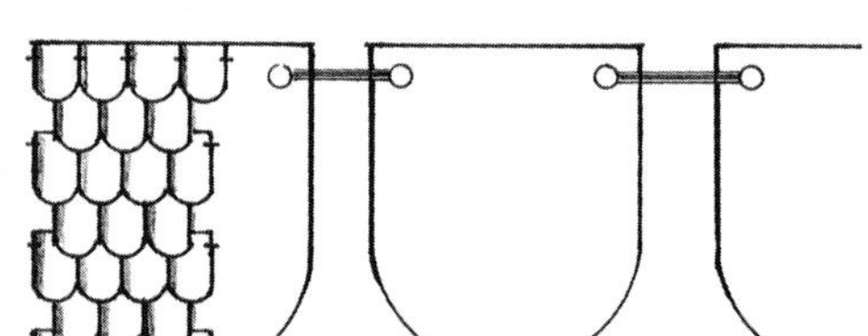

Heiliger Georg: Vorzeichnung, Zwischenschritt (Anlegung des roten Hintergrundes, wie in Nowgorod üblich) und fertige Kopie dieser Ikone aus dem 14. Jh.

Endergebnis: Gemalt von Frau Milly Heinzmann, Wermelskirchen

Liturgische Gewänder

Da nicht nur Christus, sondern auch verschiedene Heilige auf Ikonen in den liturgischen Gewändern der Ostkirche dargestellt werden, ist es auch notwendig, wenigstens in Grundzügen diese liturgischen Gewänder vorzustellen und zu erläutern. Solche Gewänder tragen während des Gottesdienstes Diakon, Priester und Bischof.

Gewand des Diakon

Das Sticharion (russisch: Stichar) ist ein langes, bis auf den Knöchel reichendes, aus Leinen mit kragenlosem Ausschnitt bestehendes Unterkleid. Es wird gegürtet auch vom Priester und Bischof getragen. Über dem Sticharion trägt der Diakon das Orarion. Es ist ein zwei Meter langer und zehn bis fünfzehn Zentimeter breiter Streifen aus Seide oder Samt, in dem drei Kreuze oder auch der Wort »heilig« (russisch: Svjatoj) eingestickt sind. Der Rückenteil reicht bis zur Erde. Über die Ärmel des Leibrocks legt der Diakon die Epimanikien, die Ärmelstauchen, an.

Gewand des Priesters

Der Priester trägt außer dem Sticharion das Epitrachelion (russisch: Epitrachil). Es sind zwei lange, aus Seide bestehende, parallel verbundene Bänder mit Kopfdurchschlupf, die mit Kreuzen bestickt sind. Darüber trägt er dann das Phelonion, ein glockenförmiges Obergewand, das bis zu den Knien reicht. Es ist vorn für die Ärmel geöffnet. Bis zur Zeit Peters I. wurde es in Rußland auch von den Bischöfen getragen. Der Priester trägt wie der Diakon die Epimanikien (Manschetten).

Heiliger (Bischof) mit Phelonion, Omophorion und Evangelienbuch

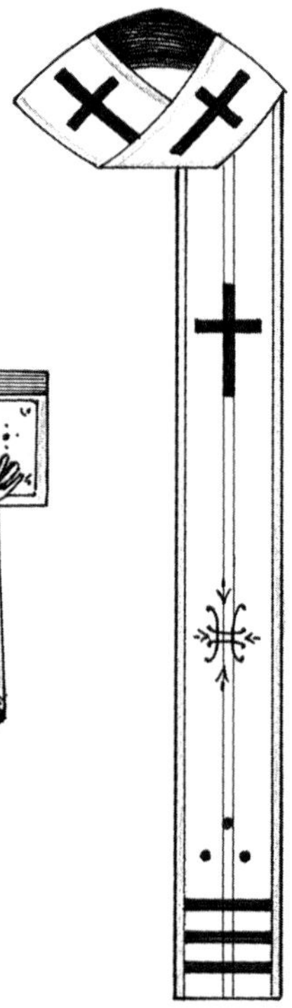

Omophorion des Bischofs

Phelonion

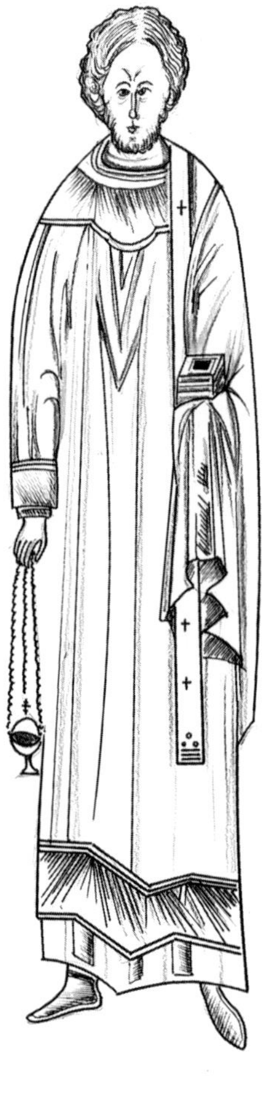

Erzdiakon Euplius mit Sticharion, purpurfarbenes Orarion und Rauchgefäß

Gewand des Bischofs

Zu seinem Ornat gehört wie beim Diakon und Priester das Sticharion. Der Sakkos ist ein der römischen Dalmatica entsprechendes kurzärmeliges liturgisches Kleidungsstück. Ursprünglich war es ein kaiserliches Gewand und ist in Rußland erst seit dem 18. Jh. üblich. Das Omophorion (russisch: Omofor) entspricht dem römischen Pallium. Es ist etwa dreieinhalb Meter lang und fünfundzwanzig Zentimeter breit, aus Seide mit großen Kreuzen bestickt und wird Y-förmig über der Schulter getragen. Als Hinweis auf seine Amtsrechte trägt ein Bischof das mit einer Seidenschnur am Gürtel befestigte Epigonation. Es ist ein quadratisches über einem Karton bespanntes Seidenstück, auf dem entweder ein Kreuz, ein Schwert oder eine Darstellung Christi auf dem Richterstuhl abgebildet ist.

Heiliger der Ostkirche in liturgischem Gewand

Zu den Bischofsinsignien gehören ferner seit dem 11./12. Jh. das Enkolpion, ein ovales Medaillon mit einem in Email ausgeführten Gottesmutterbild (mit und ohne Kind). Weil die Gottesmutter u. a. den Beinamen »Panagia« führt, werden die Enkolpien auch Panagien genannt. Sie sind mit Edelsteinen versehen und oben mit einer Krone abgeschlossen. Der Bischof trägt das Enkolpion an einer goldenen Kette. Weiter trägt der Bischof ein Brustkreuz und als Kopfbedeckung eine Mitra. Beim Gottesdienst segnet der Bischof das Volk mit dem Dikerion und auch mit dem Trikerion. Es sind zwei- bzw. dreiarmige Leuchter. Sie versinnbildlichen die Einheit der göttlichen und menschlichen Natur Christi oder die Dreieinigkeit bzw. Dreifaltigkeit Gottes.

Fast alle Gewänder und Insignien des orthodoxen Bischofsornats sind dem byzantinischen Kaiserkult entlehnt.

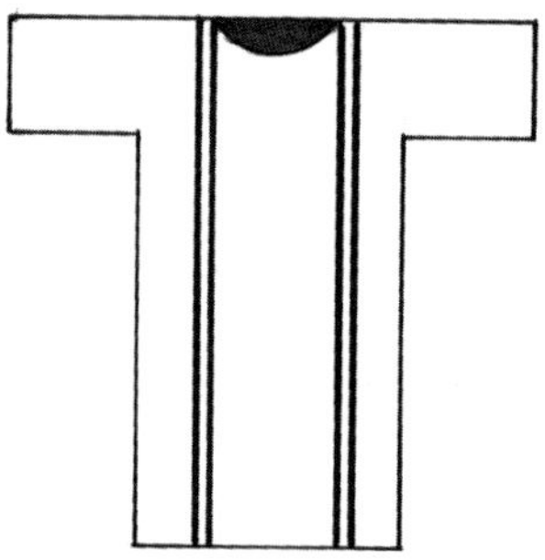

Sticharion

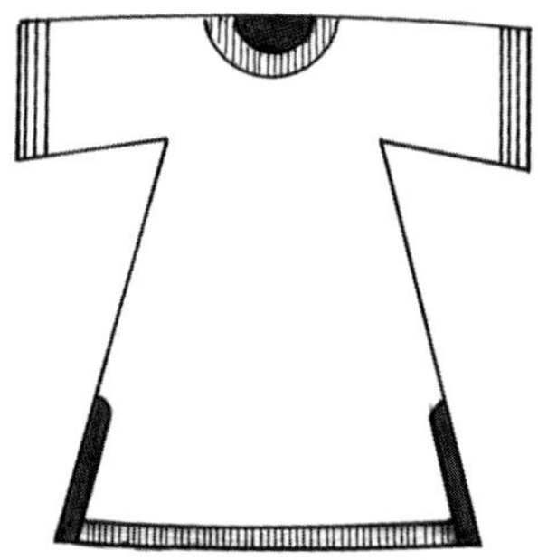

Sakkos

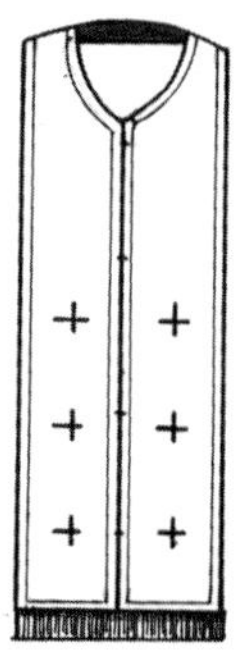

Epitrachelion

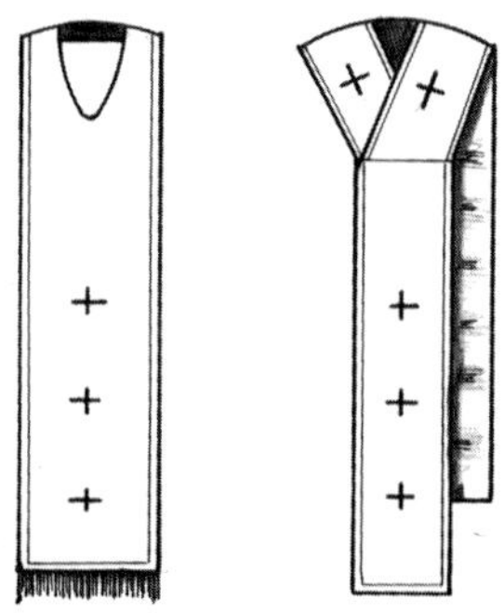

Orarion, Omophorion

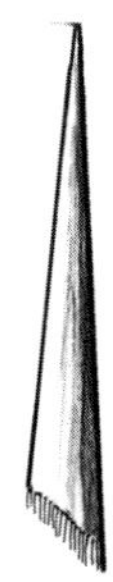

Epigonation bis 12. Jh.

Epigonation ab 12. Jh.

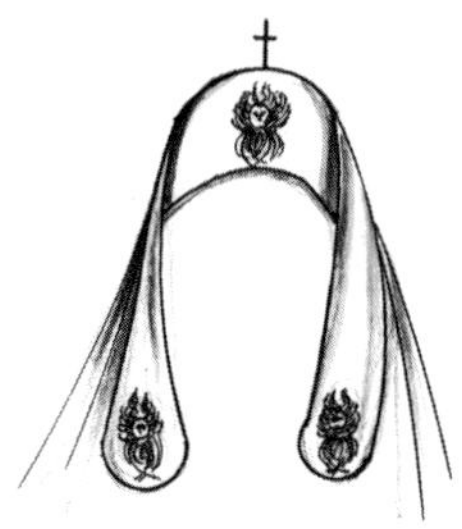

Weißer Kukul des russ. Patriarchen

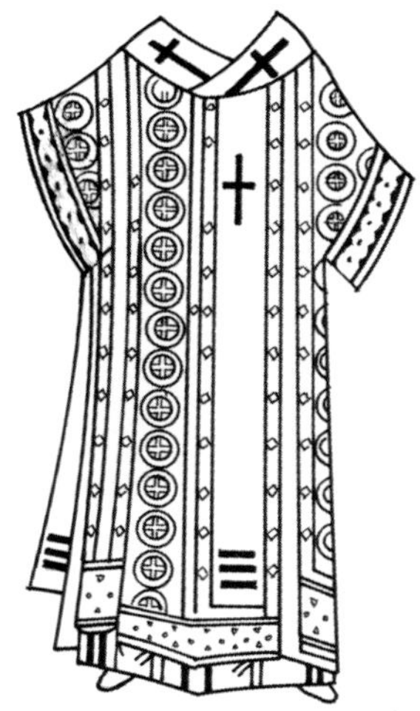

Metropolit von Moskau und ganz Rußland im ornamentreichen Sakkos (Obergewand) – ursprünglich nur vom Patriarchen in Konstantinopel getragen – mit Omophorion als bischöfliches Pontifikalinsignium

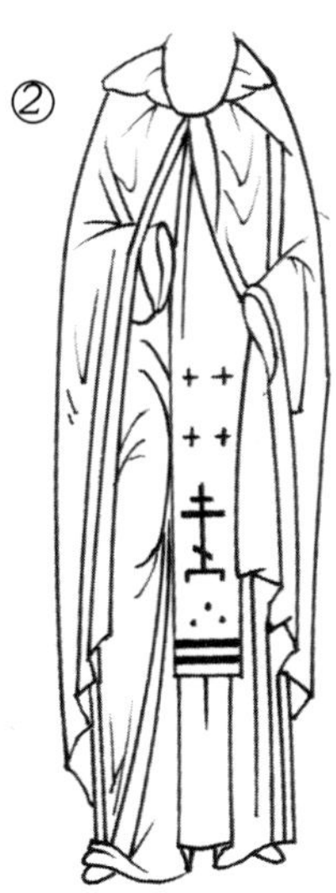

① Mönch mit bodenlanger Tunika (Kutte), darüber das sogenannte Analobos (Mönchsschema) als Zeichen strenger Askese mit Kapuze (Kukullion) und Kreuz. Das Mönchsschema reicht bis zu den Knien und entspricht dem Skapulier westlicher Klosterorden. Darüber wird ein Mantel (Mönchsmaphorion) meist brauner Farbe getragen.

② Abt in der Gewandung des Hl. Daniel ohne Kapuze.

Kaiserinnen und Fürstentöchter

Gewänder der Kaiserinnen, Fürstinnen und hl. Frauen

Die Ostkirche rechnet die heiligen Frauen zum Stand der Bekenner und Märtyrer. Zu den heiligen Frauen zählen alle Bekennerinnen und Märtyrerinnen, aber auch alle im Alten Testament genannten Frauen.

Die Heiligen Barbara, Irene, Katharina von Alexandrien, die Großfürstin Olga von Kiew und die byzantinische Kaiserin Theodora tragen mit Ausnahme der Hl. Irene als Kopfbedeckung eine Krone und als Märtyrerinnen ein Handkreuz.

Märtyrerinnen tragen ein einfaches, schmuckloses, dunkles Gewand. Kopf und Körper sind mit einem langen, vor der Brust geschlossenen Maphorion bedeckt. Märtyrerinnen haben meist ein Handkreuz als Hinweis auf ihr Martyrium, und die linke Hand ist oft vor der Brust in Gebetshaltung erhoben.

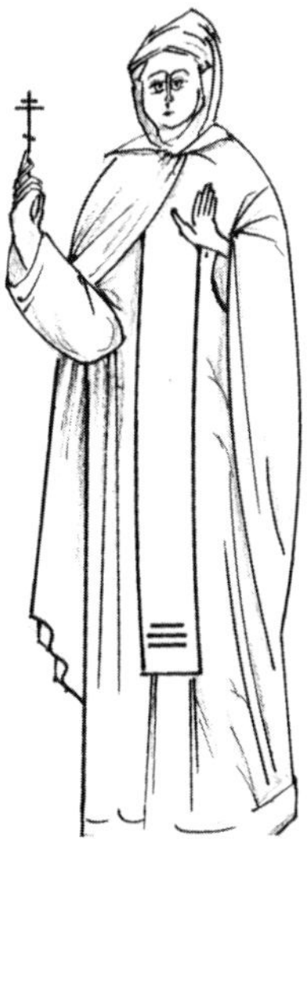

Als Kopfbedeckung tragen sie – soweit sie keine Kaiserinnen oder Fürstinnen waren – eine flache Mütze und darüber ein Tuch, das bis zu den Schultern fällt. Oft tragen sie auch die gleiche Kopfbedeckung wie die Mönche und eine Schemastola, die im unteren Teil mit drei Linien versehen ist.

Gewänder der Engel

Engel sind göttliche Boten, die mit den Menschen in Verbindung stehen. Sie werden wie die römischen Niken (Siegesgötter) mit Flügeln und mit Himation dargestellt. Wenn sie liturgische Dienste verrichten, tragen sie das Gewand eines Diakon. Der Schutzengel (russisch: Angel chranitel) wird in der russischen Ikonenmalerei meist auf dem linken Ikonenrand in langer weißer Tunika mit Schwert und Flügel dargestellt.

Flügelräder = Throne nach der Hesekiel-Vision

Seraph mit drei Flügelpaaren

Flügel der Engel und Erzengel

Erzengel in Tuniken und Mantel tragen seit mittelbyzantinischer Zeit meist das kaiserliche Hofgewand mit Loros. Der Erzengel Michael gilt als Führer der himmlischen Heerscharen (Archistrategos) und trägt entweder eine Rüstung und Schwert oder kaiserliche Hofgewänder.

In der byzantinischen Kunst entstanden die sogenannten Ophanien (geflügelte Räder) als Darstellungsform der Throne und Herrschaften.

Die Seraphim und Cherubim gelten nicht als Engelboten, weil sie ihren Platz neben dem Thron Gottes einnehmen. Es sind sechs- bzw. vierflügelige körperlose Wesen.

Das Aussehen der Cherubim nach Hesekiel 1,4–25: vier Flügel und vier Gesichter, die mit Augen bedeckt sind und auf rollenden Rädern stehen. An ihre Stelle können auch die Seraphim treten, wie sie bei Jesaja 6,2 beschrieben sind.

Johannes der Täufer (Vorläufer) wird, wenn er allein abgebildet wird, mit Flügeln dargestellt (nach Matth. 11,10 »Siehe ich sende einen Engel vor dir her, der deinen Weg bereiten soll«).

In der byzantinisch-slavischen Kunst werden die vier Evangelisten Matthäus, Markus, Lukas und Johannes (nach der Hesekiel-Vision 1.5–11, 10, 4 und der Offenbarung des Johannes 4.7) in einer Viergestalt (Tetramorph) entweder als Engel mit sechs Flügeln und vier Köpfen oder in Tiergestalt abgebildet.

Ab dem 5. Jh. wurde Markus der Adler und Johannes der Löwe, im 6. Jh. Matthäus und Markus entweder der Mensch oder der Löwe als Attribute zugeordnet.

Engel (russisch: Angeli) in Tunika und Pallium, Botenstab und Diskus

Erzengel (russisch: Archangeli) Michael in Tunika und Loros (Schärpe) mit Botenstab und Diskus

Engel mit Botenstab in Tunika und rotem Pallium

Engelikone: das Motiv der sog. alttestamentlichen Dreifaltigkeit; drei Engel kehren bei Abraham und Sarah ein und weissagen deren Nachkommenschaft. Die Engel sind mit Tunika und Pallium (Chiton und Himation) bekleidet und halten den Botenstab in der Hand. Ein ähnliches Motiv in der Tradition der berühmten Rubljow-Ikone finden Sie unter Kapitel »Umgekehrte Perspektive« S. 42. Gemalt wurde das Bild von Irene Schrittwieser, Wien.

Ikone des Erzengel Michael in Tunika und Pallium mit Botenstab und Diskus. Das Gewand ist in reicher Goldmalerei (Assist) angelegt.

Kopfbedeckungen

Kopfbedeckung des byzantinischen Kaisers Johannes VII.

Kopfbedeckung des byzantinischen Kaisers Manuel III.

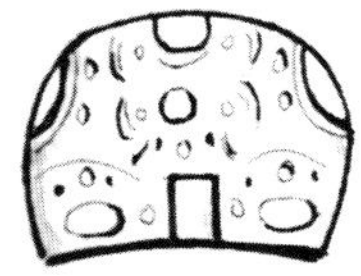

Kopfbedeckung des byzantinischen Kaisers Johannes VIII.

Kopfbedeckung des byzantinischen Kaisers Konstantin d. Gr.

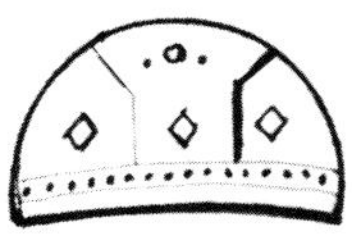

Kopfbedeckung des byzantinischen Kaisers Konstantin d. Gr.

Kopfbedeckung der byzantinischen Kaiserin Theodora

Kopfbedeckung der byzantinischen Kaiserin Helena

Kopfbedeckung des Großfürsten Vladimir von Kiew

Kopfbedeckung des byzantinischen Kaisers Nikephoros III.

Kopfbedeckung des byzantinischen Kaisers Alexios Komnenos

Kopfbedeckung der byzantinischen Prinzessin Irene, Mutter des Kaisers Alexios

Kopfbedeckung der hl. Katharina, Märtyrerin

Kopfbedeckung der russischen Patriarchen

Kopfbedeckung russischer Bischöfe (Mitra)

Kopfbedeckung der Nonnen und Märtyrerinnen im Malerhandbuch der Familie Stroganov

Kopfbedeckung der Mönche (Kamilawka). Eine liturgische Kopfbedeckung auch der Bischöfe

Kopfbedeckung der russischen Bischöfe (Klobuk mit einem schwarzen Schleier)

Kopfbedeckung der russischen Metropoliten (Klobuk, aber mit einem weißen Schleier)

Kopfbedeckung der russischen Fürsten (Fürstenkappe mit Zobelbesatz)

Kopfbedeckung des Großfürsten Vladimir von Kiew mit der sogenannten Fünfzacken-Krone

Die Vergoldung

Nach der Graf'ja (Unterlinierung) beginnt nun als nächster Arbeitsgang und noch vor dem eigentlichen Malvorgang die Vergoldung der Nimben bzw. des ganzen Hintergrundes der Ikone. Die Vergoldung der dafür vorgesehenen Teile (Nimben) muß vor dem eigentlichen Anlegen der Farben vorgenommen werden, weil es schwierig ist, das Blattgold an den Begrenzungslinien schon mit Farbe bedeckter Flächen genau anzulegen, und weil das auf die bemalte Fläche gelegte Blattgold ohne Beschädigung der Malschicht nachträglich schwer zu entfernen ist.

Diese Gefahr besteht nicht bei der zuerst vorgenommenen Vergoldung der Nimben, denn das über die mit dem Zirkel gezogene Begrenzungslinie reichende Blattgold kann auf dem Kreidegrund nicht haften und leicht »vertrieben« werden. Um eine geschlossene vergoldete Fläche zu erhalten, sollte das Blattgold immer um einige Millimeter das vorhergehende überlappen.

Auch in der traditionellen Ikonenmalerei wurde nach der Übertragung der Zeichnung auf dem Malgrund vor dem Anlegen von Farben zuerst mit der Vergoldung der dafür vorgesehenen Flächen begonnen. Sie gehörte zu den schwierigsten Arbeiten und erforderte eine langjährige Erfahrung und Praxis.

Es wurde entweder der Bildhintergrund als sogenannter Goldgrund oder Nimben und Heiligenscheine, Gewänder oder bestimmte Details der Ikone vergoldet.

An Stelle des seit dem 4. Jh. in der byzantinischen, frühchristlichen Kunst gebräuchlichen realistischen Hintergrunds trat bei Mosaiken und in der Tafelmalerei bis in das späte Mittelalter der goldene Hintergrund. In der Ikonenmalerei hat sich der Goldgrund bis heute erhalten.

Vergoldungstechniken

Für die Ikonenmalerei kommen in erster Linie drei Vergoldungstechniken in Frage:
die Glanz- oder Polimentvergoldung,
die Matt- oder Ölvergoldung und
die Muschelgold-Technik.

Glanz- oder Polimentvergoldung

In der altrussischen Ikonenmalerei wurde meist eine Glanzvergoldung mit Eiweiß als Bindemittel ausgeführt. Für alle erforderlichen Arbeiten – der Zubereitung des Poliments (einer aus Kreide und Bolus bestehenden Grundierung) und der Netze sowie das »Anschießen«, »Vertreiben« und Polieren des Goldes war der »Pozolotcik« (der Vergolder) der Werkstatt zuständig.

Bei dieser Vergoldungstechnik wird das aufgetragene Gold nach Trocknung mit einem Halbedelstein (Achat) poliert. Da diese Technik eine gewisse Geschicklichkeit erfordert, ist sie nur bedingt dem Anfänger zu empfehlen. Man lernt diese Technik am besten unter besonderer Anleitung eines erfahrenen Vergolders.

Glanzvergoldung auf Dispersionsgrund

Man vermischt Kaseintemperafarbe, Plakafarbe Rot oder Zinnober mit 1/20 Teil Standeiweiß und trägt sie zwei- bis viermal dünnflüssig wie Wasser auf die zu vergoldende Fläche auf. Um den Farbauftrag möglichst dünnflüssig zu halten, mischt man zehn Teile Wasser und ein Teil Eiweiß und seiht es durch einen vierfach gefalteten Seidenstrumpf. Als Netze wird 25%iger Alkohol, nur mit destilliertem Wasser vermischt, verwendet. Nach dem letzten Auftrag der Farbe und eine Stunde danach wird das Blattgold »angeschossen« und kann eine Stunde später poliert werden.

Glanzvergoldung ohne Poliment

Es ist auf einer naß geschliffenen Dispersionsgrundierung nach dessen Trocknung eine Glanzvergoldung auch ohne Polimentauftrag möglich. Als Bindemittel dient eine 30%ige Alkoholnetze.

Kölner-Glanzgold-Grund

Der Hersteller hat ihn als lösungsmittelfreie, in jedem Verhältnis mit Wasser mischbare Grundierung für die Vergoldung mit Blattmetall in folgenden Sorten auf den Markt gebracht:

Sorte A Tiefrot für alle Glanzvergoldungen.

Sorte B Polimentrot, wenn der übliche Polimentfarbton unverzichtbar ist, mit den gleichen Eigenschaften der Sorte A.

Sorte C Natur (Weiß) für Glanz-Versilberungen und ohne Metallauflage, auch als Polierweiß geeignet.

Sorte S Schwarz mit gleichen Eigenschaften wie die Sorten A und B.

Anwendung

Auf einen Kreidegrund wird zwei- bis dreimal der bis zu 40% mit Wasser verdünnte Kölner-Glanzgold-Grund aufgetragen und anschließend leicht mit feinster Stahlwolle geschliffen oder mit einem Roßhaartuch vorpoliert. Das Blattgold soll dann auf die gut mit Netze (aus Wasser und Spiritus im Verhältnis 9:1 und einer Spur Netzmittel = flüssiges Spülmittel) angefeuchtete Grundierung angeschossen werden.

Als Netze wird eine arbeitserleichternde Sicherheitsnetze mit dem Produktnamen Colnasol angeboten. Sie soll beste Haftung und Polierhaftung von Gold und Silber als Blatt- und Pulvermetall gewährleisten. Nach einem zwei- bis dreimaligen Naß-in-Naß-Auftrag der Netze auf den Kölner-Glanzgold-Grund kann das Blattmetall sofort angeschossen und nach weiteren mindestens zwei Stunden poliert werden.

Bei der von der Firma J. J. Gerstendörfer, aus Fürth in Bayern, beschriebenen und hier wiedergegebenen Technik handelt es sich um eine weniger aufwendige und stark vereinfachte Technik der bisherigen traditionellen Polimentvergoldung ohne Polimentaufträge.

Mattvergoldung (Ölvergoldung)

Für einen wenig geübten Ikonenmaler ist eine Ölvergoldung am einfachsten auszuführen. Dabei besteht kein Unterschied, ob echte Gold- oder Silberblättchen oder dem Gold ähnelndes, unechtes Schlagmetall (Kompositionsgold) verwendet wird. Als Bindemittel für die Haftung auf dem Malgrund verwendet man ein Anlegeöl, das unter der Bezeichnung »Mixtion« mit unterschiedlichen Trockenzeiten von 6, 12 und 24 Stunden im Fachhandel erhältlich ist. Es besteht aus Kopalen, die in Leinöl gelöst und mit verschiedenen Zusätzen versehen ist.

Die Mattvergoldung kann auch auf einem Ölfarbengrund angebracht werden. Die für die Vergoldung vorgesehene Fläche wird auf dem Malgrund (Kreidegrund) zunächst als Schellacklösung aus drei Teilen Schellack und einem Teil Alkohol isoliert, um die Saugkraft des Kreidegrundes zu reduzieren. Der Auftrag ist mehrmals zu wiederholen, bis eine gleichmäßig glänzende Fläche entstanden ist. Auf die so präparierte Fläche wird nun das Anlegeöl nicht zu satt, aber auch nicht zu dünn aufgetragen. Der richtige Zeitpunkt für das »Anschießen« des Blattgoldes oder anderer Gold- oder Ersatzmetalle ist gekommen, wenn man mit der Fingerspitze, bei größeren Flächen mit der Handkante, über das Anlegeöl fährt und dabei ein pfeifendes Geräusch entsteht.

Zur Erleichterung des Ungeübten empfiehlt es sich, bei der Vergoldung das auf dünnen Seidenpapierblättchen ohne Bindemittel aufgepreßte »Sturm- oder Transfergold« zu verwenden. Man legt das Goldblättchen auf das Anlegeöl, drückt es mit einem Wattebausch an und zieht das Seidenpapier wie bei einem Abziehbild einfach ab. Der Vorteil der Mattvergoldung gegenüber der Glanzvergoldung liegt darin, daß man keine Lösche, Polimentaufträge, keinen Anschießer, kein Vergolderkissen und Messer und keinen Achat zum Polieren benötigt. Der Nachteil besteht darin, daß Mattgold nicht polierbar ist.

Das Sturm- oder Transfergold soll wie bei der Glanzvergoldung etwa 3 bis 5 mm über die Vergoldungsgrenze hinaus angelegt werden und das bereits angelegte Goldblättchen überlappen, um eine gleichmäßig vergoldete Fläche zu erhalten. Nach Trocknung des Anlegeöls (etwa 24 Stunden) wird das überschüssige Gold mit einem weichen Haarpinsel entfernt. Ist das Anlegeöl zu stark aufgetragen worden, kann es noch vor der Vergoldung mit einem Löschpapier aufgenommen werden.

Manche Maler überstreichen den gesamten Malgrund vor der Vergoldung mit einer Lösung aus einem Teil Ei-Emulsion und drei Teilen Wasser, untermalen die zu vergoldende Fläche mit einem Teil roten Farbpigments, einem Teil Emulsion und drei Teilen Wasser. Zum Stichwort Ei-Emulsion siehe auch Kapitel »Das Bindemittel in der Temperamalerei«, S. 89 f. Dieser Auftrag wird nach Trocknung mit Schellack überzogen und darauf die im Wasserbad erwärmte Mixtion aufgetragen. Die Vergoldung selbst wird wie beschrieben ausgeführt.

Eine Schellacklösung stellt man aus einem Teil Schellack und fünf Teilen Spiritus her. Wird statt Blattgold oder Silber Schlagmetall, also unechtes Gold, verwendet, muß es mit Schellack überdeckt werden, weil es sonst oxydiert. Schlagmetall gibt es in Goldfarbe, Kupfer und Aluminium. Zum Lasieren von Blattsilber verwendet man wie früher einen Goldlack. Anstelle des Anlegeöls (Mixtion) kann man auch ein Klebemittel verwenden, das bereits nach zwanzig Minuten das Anlegen des Blattgoldes gestattet und bis 24 Stunden offen bleibt.

Muschelgoldtechnik

Die Muschelgoldtechnik wird für feine, zeichnerische Ornamente und Lichtreflexe in den Gewändern, Ikonenfelsen und Architekturdetails angewandt. Muschelgold ist im Handel in kleinen Kunststoffschalen erhältlich. Der Preis richtet sich nach dem Feingoldgehalt.

Man kann es auch selbst wie folgt herstellen:

In einer kleinen Glas- oder Porzellanschale wird Pudergold von 23 1/2 Karat (pulverisiertes echtes Blattgold) mit Gummiarabikum als Bindemittel angerieben und eingetrocknet. Danach löst man es mit Wasser an und vermalt es mit einem feinen spitzen Pinsel wie eine Wasserfarbe.

Die mit Muschelgold gezogenen Linien lassen sich polieren. Gummiarabikum wird aus Akazienarten gewonnen und als Bindemittel verwendet. Früher nahm man auch Eiweiß und Kirschgummi als Bindemittel.

Weitere, für die Ikonenmalerei typische Goldarbeiten sind das sogenannte Goldsgraffito und die Goldmalerei.

Diese Arbeiten fallen aber erst nach Abschluß der farblichen Gestaltung der Ikone in der traditionellen Temperatechnik an, so daß sie auch dann erst beschrieben werden sollen (siehe S. 99f.).

Ikone der Verklärung auf dem Berge Tabor Nach der Vergoldung der Nimben wurde die Ikone eröffnet« und die Grundfarben des Hintergrundes, der Gewänder und Ikonenfelsen angelegt. Auf der mittleren Bergspitze steht Christus in einem Stern und einer Aureole, links von ihm der Prophet Elias, rechts Moses. Auf dem unteren Bildteil die Apostel Petrus, Jakobus und Johannes. Es folgt nun die Aufhellung der Gewänder, das Ausmalen der Ikonenfelsen, das Modellieren des Inkarnats und die Beschriftung der Ikone.

Anlegen des Hintergrundes in der Temperamaltechnik – »Die Ikone wird eröffnet«

Mit dem Malen des Bildhintergrundes beginnt die eigentliche Ikonen-»Malerei« in der traditionellen Temperatechnik. Obwohl es mittlerweile fertige Eitemperafarben in Tuben zu kaufen gibt, bezieht die Ikonenmalerei, soweit sie sich in der Tradition der russischen Malermönche weiß, einen Gutteil ihrer Authentizität und ihres Reizes aus dem Selbstansetzen der Farben und des benötigten Bindemittels.

Im folgenden will ich deshalb etwas ausführlicher die traditionellen Rezepte – leicht abgewandelt und auf die heutigen Gegebenheiten abgestimmt – behandeln.

Dazu sollen einige Informationen über die notwendigen Rohstoffe vermittelt werden, das sind vor allem die Farbstoffe und überlieferten Pigmente, das benötigte Bindemittel und dessen Bestandteile, Aspekte der Verarbeitung und Dauerhaftigkeit (Lichtechtheit) der Pigmente sowie handwerklich-technische Hinweise zum Herstellen eigener Eitemperafarben.

Temperamalerei

Die für die Ikonenmalerei typische Maltechnik ist die Temperamalerei. Bei dieser auf die Antike zurückgehenden Technik wurde als Bindemittel für die Farbe nicht Wachs, sondern eine Eigelb-Emulsion oder auch Vollei-Emulsion verwendet, der zeitlich und regional unterschiedlich Honig,

Bindemittel (Eiemulsion) *und* *pulverisierte Farbpigmente*

ergeben die Malfarbe für den Auftrag auf den Malgrund

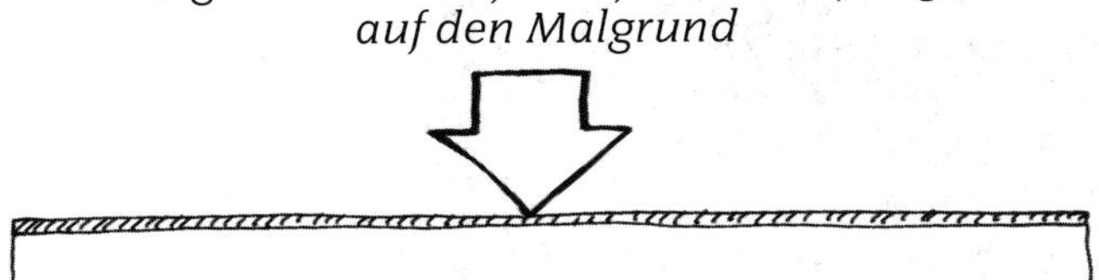

Gummimilch und andere Substanzen zugesetzt wurden.

Wie schon angedeutet, spielt das Bindemittel der Farben in der Ikonenmalerei eine wesentliche Rolle. Seit dem ausgehenden Mittelalter wurde in der Temperamalerei Eigelb mit Wasser vermischt als Bindemittel verwendet, eine Technik, die bereits in Ägypten bei den späteren Mumienporträts praktiziert wurde. In der Ikonenmalerei war die Verwendung des Eies als Farbbindungsmittel traditionell vorgeschrieben. Dafür waren auch religiöse Gründe ausschlaggebend, denn das Ei galt als Symbol neuen Lebens.

Eigelbemulsionen sind sehr elastisch und die mit ihnen gebundenen Farben nach der Trocknung nicht mehr wasserlöslich.

In der Ikonenmalerei des Balkans fand außer dem Ei auch verseiftes Wachs Anwendung. Gleiche Teile von Wachs, Leim und Aschenlauge wurden gekocht und daraus eine weiße Wachsemulsion als Bindemittel gewonnen.

Ikonen, die in dieser Wachs-Mischtechnik gemalt werden, brauchten nach der Trocknung nicht gefirnißt, sondern nur mit einem weichen Lappen poliert werden.

Das Bindemittel in der Temperamalerei

In der Temperamalerei wird als Bindemittel eine natürliche Ei-Emulsion verwendet. Sie hat den Zweck, die Partikel der pulverisierten Farbpigmente zu binden, wie auch die daraus entstandene Malfarbe fest mit dem Malgrund (Lewkas) zu verbinden. Bei der Eiemulsion kommt dem Eigelb oder auch Vollei eine besondere Bedeutung zu, denn durch seine öligen und wässrigen Anteile (30% Eiöl und 70% Wasser) übernimmt es die Aufgabe eines »Emulgators«, der Substanzen emulgiert, also ständig verbindet, die sich erfahrungsgemäß abstoßen. Die Verbindung der Eiemulsion mit den Farbpigmenten zur Malfarbe hat der Eitempera ihren Namen gegeben.

Die Farbenindustrie hat auch synthetische Emulgatoren entwickelt, die je nach den verwendeten Materialien als Leim-, Öl-, Gummi-, Kaseintempera bezeichnet und im Farbenfachgeschäft erhältlich sind.

Zubereitung des Bindemittels

Man öffnet die Schale eines frischen Hühnereis und läßt das nicht für die Malerei verwendbare Eiweiß abfließen. Dann wird die Schale so weit geöffnet, bis das Eigelb unverletzt herausgenommen werden kann. In mit Wasser befeuchteten Händen wird nun das Eigelb wechselseitig von der einen in die andere Handfläche gelegt und vorsichtig von allen Eiweißspuren befreit. Jetzt wird die Eigelbhaut mit einem spitzen Gegenstand geöffnet, so daß das Eigelb in ein bereitgestelltes weithalsiges Gefäß fließen kann.

Das Häutchen des Eigelbs darf nicht mit in das Gefäß kommen. Um sicher zu gehen, kann das Eigelb durch ein Sieb gegeben werden.

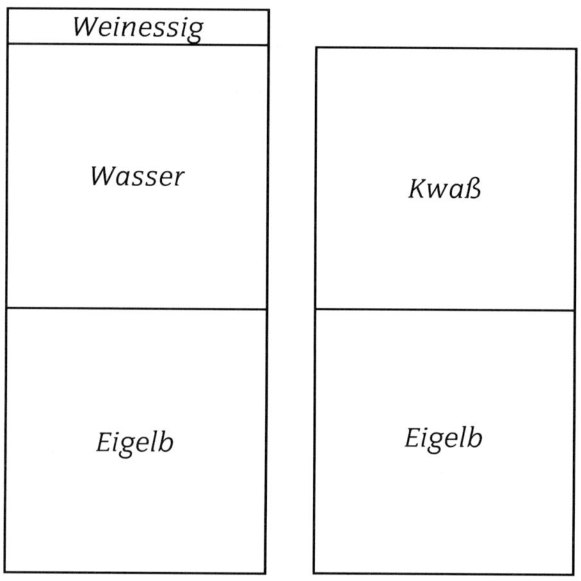

Traditionelle Bindemittel

Ikonenmaler verwenden meist die bewährte Eigelbemulsion aus 1 Teil Eigelb und 1 Teil Starkbier.

Moderne Bindemittel

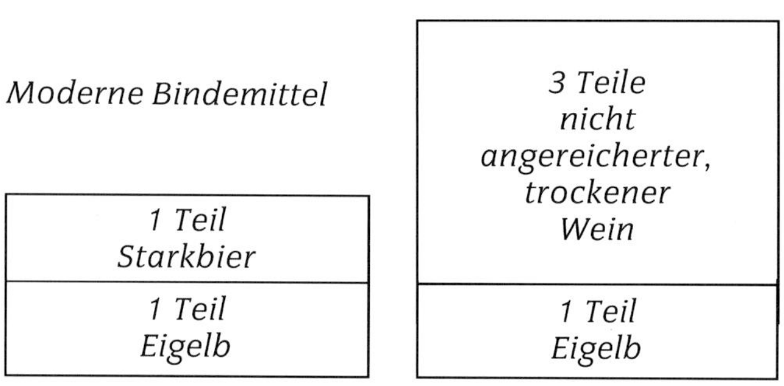

Die Emulsion muß stufenweise aufgebaut werden. Man beginnt mit Eigelb und gibt die gleiche Menge Starkbier hinzu. Beide Substanzen müssen mehrere Minuten stark geschüttelt werden, damit sie sich gut verbinden, weil sonst die Emulsion nicht gelingt.

Zur Konservierung gibt man 2–3 Tropfen Nelkenöl hinzu. Dann kann die Emulsion, im Kühlschrank aufbewahrt, bis zu einem Monat gebrauchsfertig bleiben.

Russische Ikonenmaler verwenden heute weniger Kwaß (Bier) für die Emulsion, sondern trocknen, nicht angereicherten Wein im Verhältnis 1 Teil Eigelb und 3 Teile Wein. Der Vorteil dieser Emulsion soll darin bestehen, daß sich damit angerührte Farben viel besser auf den Kreidegrund auftragen lassen.

Zur Mengenbestimmung eignet sich ein Weithalsglas mit einem an einer Außenseite befestigten weißen Papierstreifen, auf dem die Marken für Eigelb und Bier oder Wein kenntlich gemacht werden können.

Weithalsglas mit Meßstreifen

Mit dem hergestellten Bindemittel könnte man bereits die pulverförmigen Pigmente zu Malfarben anreiben. Doch würde die Malfarbe bei unverdünnter Emulsion zu dick sein und deshalb reißen oder abplatzen. Eine malfertige Temperafarbe sollte leicht vom Pinsel fließen und pfützenhaft aufgetragen werden. Wird die Farbe jedoch zu stark verdünnt, ist sie nach dem Auftrocknen nicht wischfest. Es empfiehlt sich daher, vor dem eigentlichen Malen einen Probeauftrag zu machen (siehe S. 92 f. »Anreiben der Farben«).

Magere und fette Eitempera, Verdünnung der Temperafarbe

Das Eigelb kann reichlich Öl aufnehmen und mit Harzanteilen, einer Dammarlösung oder mit Mastix aufgebaut werden. Es gibt viele Möglichkeiten, die Zusammensetzung der Eiemulsion zu variieren. Anstelle von Leinöl oder Leinölfirnis kann auch Mohnöl verwendet werden. Je nach der Menge an Ölanteilen unterscheidet man die Tempera in eine magere oder fette Eitempera. Jeder Maler sollte mit unterschiedlichen Mischungen experimentieren und mit der ihm am günstigsten erscheinenden arbeiten. Die Emulsion ist nicht nur Bindemittel für die Farben, sondern auch ein Malmittel.

Temperafarben in der Ikonenmalerei

Den Ikonenmalern in Rußland und anderen traditionellen Ikonenländern standen bei weitem nicht so zahlreiche Farbmittel wie uns heute zur Verfügung. Sie gewannen ihre Farben überwiegend aus den in ihrer Region vorkommenden farbigen Erden und den daraus erzielten Farbmischungen. Dennoch haben sie mit ihrer Formen- und Farbwahl vollkommene Kunstwerke geschaffen. Mitte des 19. Jh. ist die Anzahl der Farben durch synthetische Farben stark erweitert worden.

Nachstehend soll auf die Farbmittel, Pigmente und Farbstoffe eingegangen werden, wie sie heute in den Fachgeschäften erhältlich sind und von Ikonenmalern verwendet werden.

Farbmittel, Pigmente und Farbstoffe

Als Pigmente werden alle pulverförmigen Farbmittel bezeichnet, die in Bindemitteln unlösbar sind. Farbstoffe sind dagegen Farbmittel, die in verschiedenen Bindemitteln löslich sind.

Der Farbauftrag auf dem Malgrund einer Ikone besteht also aus Pigmenten, die in Bindemitteln fest verbunden sind.

Farbeigenschaften

Sie werden in der Literatur und in Farbanleitungen der Herstellerfirmen oft unterschiedlich interpretiert und, auf ihre Bestandteile bezogen, als deckende, transparente, warme und kalte Farben bezeichnet. Für die in diesem Buch verwendeten Begriffe sollen folgende Erläuterungen gelten:

Mit der Bezeichnung Farbe soll die Farbe an sich verstanden werden (Rot, Grün usw.). Unter Farbton wird ihre helle oder dunkle Erscheinung bezeichnet. Mit Wirkung ist ihre Leuchtkraft gegenüber anderen Farben zu verstehen. Als warme Farben sind alle Rottöne und als kalte Farben alle Blautöne gemeint. Deckfarben sind nicht-transparente Farben.

Die Palette des Ikonenmalers

Zur Palette des Ikonenmalers sollten folgende Farbpigmente gehören, die selbstverständlich individuell jederzeit ergänzt werden können.

Weiße Pigmente

Titanweiß
(Titandioxid) ist ungiftiges, erst nach dem Zweiten Weltkrieg in den Handel gekommenes, reines Weiß und daher anderen bleihaltigen Weißtönen vorzuziehen. Es dient auch zum Aufhellen von Farben.

Schwarzes Pigment

Elfenbeinschwarz
(Elfenbein- oder Tierknochen verkohlt) ist ein beständiges Pigment mit dem andere Farben abgedunkelt werden können. Die Farben wirken jedoch lebendiger, wenn man sie mit anderer dunkler Farbe, wie Umbra, mischt. Mit Elfenbeinschwarz lassen sich besonders Brauntöne wie Siena und Umbra vorteilhaft abdunkeln. Zum Anreiben von Schwarz ist nicht Wasser, sondern Spiritus erforderlich.

Gelbe Pigmente

Ocker
(Eisenhydroxid-Erde) ist nicht giftig und eine der in der Ikonenmalerei am meisten verwendeten Erdfarben. Er kommt in unterschiedlichen Farbtönen vor. Mit Blautönen gemischt erhält man ein gedämpftes Grün und nach Zusatz von einer Spur Schwarz ein trübes Olivgrün.

Terra die Siena
(Eisenhydroxid-Sienaerde). Der Vorteil von Siena gebrannt liegt im Mischen mit anderen Farben. Mischt man statt Rot Sienaerde mit Ultramarin oder Chromoxidgrün, erhält man tiefe, dunkle Farbtöne. Siena gebrannt ist auch als Lasurfarbe vielseitig verwendbar.

Kadmiumgelb
(Kadmiumsulfid) ist nicht giftig und ähnelt dem Kadmiumgelb zitron. Es wirkt kühl und zählt zu den beständigsten modernen Pigmenten.

Echtgelb
ist eine ungiftige Teerfarbe mit starker Färbekraft und auch lasurfähig.

Indischgelb
Seine Herstellung ist heute gesetzlich verboten und deshalb nur imitiert im Handel erhältlich. Es wird als Lasurfarbe verwendet.

Rote Pigmente

Kadmiumrot
(Kadmiumsulfid-Selenid), ein ungiftiges, gut deckendes warmes Rot, das zum Mischen mit anderen Farben der vielseitigst verwendbare Rotton und eine Alternative zum ebenso intensiven, aber teuren Zinnober ist.

Alizarinkrapplack
ist ein dunkles, leuchtendes Rot, das leicht nach Violett tendiert. Es besitzt gute Mischeigenschaften bei Rottönen und eignet sich zum nuancierten Abdunkeln heller Rottöne. Auch eine gute Lasurfarbe.

Terra di Pozzuoli
(Eisenoxid-Pozzuolanerde), das nicht giftig ist und deckende bzw. lasierfähige Eigenschaften besitzt.

Blaues Pigment

Kobaltblau
(Kobalt-Aluminat) ein nichtgiftiges, feines, sanftes Blau mit begrenzter Färbekraft. Eines der wichtigsten Kobaltpigmente.

Grüne Pigmente

Grüne Erde
(Eisensimilat-Erde) ist nicht giftig und kommt je nach Fundort in verschiedenen Farbtönen vor. Es ist vielseitig verwendbar und das älteste bekannte Farbpigment.

Chromoxidgrün feurig
(Chromoxidhydrat) ist eine kühl wirkende Farbe, die sich besonders zum Mischen von Grüntönen eignet.

Braune Pigmente

Ocker gebrannt
(Eisenoxid-Erde) ist nicht giftig, geht beim Brennen in einen roten Ocker über.

Umbra natur und gebrannt
(Eisen- und Manganoxid). Umbra natur ist eine kühlere Erdfarbe als Umbra gebrannt und wirkt leicht grünlich. Mit Weiß gemischt ergibt es einen grau-grünen Farbton.

Erdfarben

kommen in unterschiedlichen Tönungen vor und ihre Pigmente werden aus natürlichen Substanzen gewonnen. Zu ihnen gehören die verschiedenen Ockerarten, deren Bezeichnung sich entweder auf ihre Herkunft (Sienaerde, Pozzuolanerde) oder auf die Farbe Rotocker, Lichtocker, Hellocker, Dunkelocker oder Goldocker bezieht. Erdfarbenpigmente sind verhältnismäßig preiswert und sollten nicht mühsam aus den Grund- oder Komplementärfarben ermischt werden.

Lasuren

Unter lasieren versteht man das Übermalen einer trockenen, deckenden Farbe mit einer dünnen, transparenten Farbe. Durch eine Lasur kann eine Farbe stärker, leuchtender, aber auch kälter erscheinen oder die Farbe gänzlich verändern.

So wirkt eine Lasur von Alizarinkrapplack über Indischgelb oder von Krapplack hell über Indischrot wesentlich glanzvoller, als wenn man beide Farben in gleicher Intensität gemischt aufträgt. Mit Lasuren können wirkungsvolle Farbeffekte erzielt werden, die nicht ermischt werden können. Ist der beabsichtigte Effekt nicht gelungen, kann die Lasur nach vollständigem Trocknen – aber niemals über noch feuchte Farbe – wiederholt werden.

Zu Lasuren eignen sich besonders Indischgelb, Chromoxyd feurig, Indischrot, gebr. Siena, Siena natur, Karmin und die meisten Krappfarben. Auch deckende Farben wie Chromoxydgrün, Ultramarin, Neapelgelb, Kadmium können bei genügender Verdünnung und schwachem Auftrag zu Lasuren verwendet werden. Eine Mischung von Gummigutt (gelbes Farbharz aus Garcinia-Bäumen) mit Rosakrapplack verleiht der Lasur bei Farbtönen einen leuchtenden Effekt. Gebr. Siena eignet sich als Lasur besonders gut für warme Reflexe. Schwarz stimmt rote Farbtöne milder. Grüne Erde über Blau verändert letzteres grünlich. Grüne Farben können durch Lasuren mit Schwarz, Sepia und gebr. Siena wirksamer erscheinen.

Anreiben der Farben

Für die Ikonenmalerei sollte man nur lichtbeständige, fein gemahlene Farbpigmente verwenden. Auf den Behältnissen der im Fachhandel angebotenen Pigmente – üblicherweise in 50 oder 100 ml-Größen – ist neben der namentlichen Kennzeichnung auch der Grad der Lichtechtheit vermerkt. An der Anzahl von aufgedruckten Sternen erkennt man diesen Grad. Die höchste Lichtechtheit wird durch fünf Sterne vermerkt.

Folgende zwei Methoden des Anreibens der Farben sind erprobt und zum Nachmachen zu empfehlen:

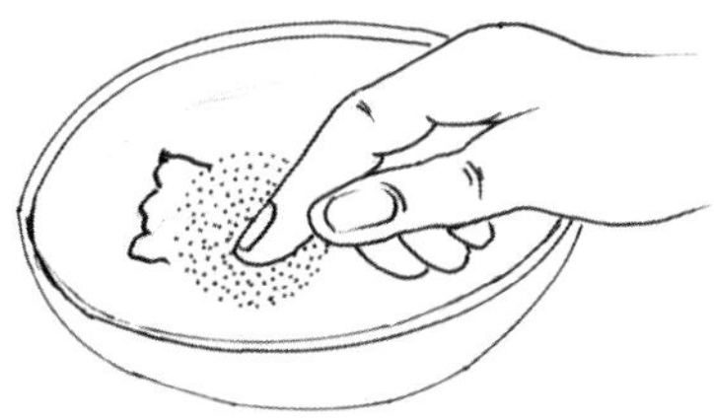

Methode 1

In einen großen Holzlöffel ohne Stiel wird das Farbpigment geschüttet, mit wenig Wasser benetzt (mit Pipette) und mit dem Finger zu einem Brei in salbenhafter Konsistenz verrieben. Die Farbpaste wird in ein kleines braunes oder grünes, verschließbares Glasfläschchen getan, mit einer Pipette konzentrierte Eiemulsion (Bindemittel) zugegeben und mehrere Minuten lang kräftig geschüttelt, damit sich Pigmente, Wasser und Bindemittel gut miteinander vermischen. Als Faustregel für die zum Anreiben der Pigmente benötigte Menge an Wasser und Eiemulsion können 3 Teile Wasser und 1 Teil unverdünnte Emulsion gelten. Die Farbe ist nun fertig angerieben. Um sie jedoch vermalen zu können, muß sie mit Wasser verdünnt werden; jedoch nur so weit, daß ihre Wischfestigkeit noch erhalten bleibt. Als Faustregel für die Verdünnung der Farbe können ein Teil Farbemulsion und drei Teile Wasser gelten. Die Wischfestigkeit der Farbe läßt sich am einfachsten prüfen, wenn auf Papier gestrichene Farbe nach der Trocknung nicht verwischt.

Emulsionen können nur mit den Substanzen verdünnt werden, mit denen sie vermischt wurden. Sie können also zum Anreiben der Farben und zum Vermalen der Farben angewandt werden.

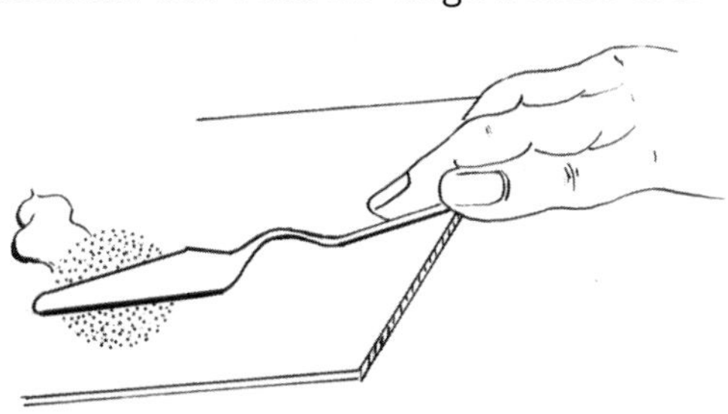

Methode 2

Statt in einem Holzlöffel und mit dem Finger kann man die Farbpigmente auch auf einer Glasplatte, weißen Kunststoffpalette oder Keramikplatte mit einer Spachtel zu einer gleichmäßigen und glatten Paste anreiben.

Bei den beschriebenen Methoden ist es gleich, ob die Pigmente zuerst mit Wasser oder mit der Emulsion angerieben werden. Eine Glaspipette leistet hierfür gute Dienste.

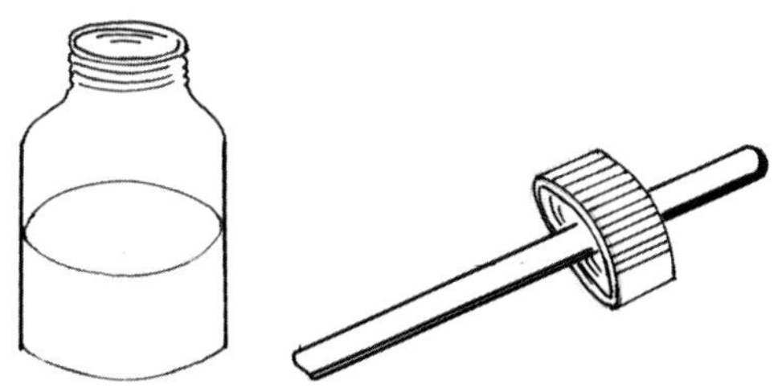

Beim Anreiben der Pigmente ist zu beachten, daß mit zuviel Bindemittel angeriebene Farben nach dem Trocknen glänzen und platzen.

Zu stark verdünnte Farben haften nicht. Die Farbe soll nach ihrem Auftrag stumpf auftrocknen. Pigmente, auf denen das Wasser beim Anreiben abperlt, benetzt man mit Spiritus.

Aufbewahrung der Farben

Fertig angeriebene Farben, soweit sie nicht sofort vermalt und aufbewahrt werden sollen, beläßt man in braunen oder grünen, gut verschlossenen Fläschchen oder anderen geeigneten verschließbaren Porzellan- oder Steingutbehältnissen. Farben, die in den Behältnissen mit wenig Wasser bedeckt und kühl (Kühlschrank) aufbewahrt werden, bleiben etwa zwei Monate haltbar.

Fertige Temperafarben

Wer seine Farben nicht selbst anreiben möchte, kann auf von verschiedenen Herstellerfirmen angebotene Eitemperafarben in Tuben oder Kasein-Temperafarben in Gläsern zurückgreifen.

Eitempera in Tuben

Die englische Firma George Rowney & Co. stellt Eitemperafarben in 28 Farbtönen nach einer aus dem 19. Jh. stammenden Rezeptur her. Verwendet werden traditionelle Pigmente, die mit Eigelb und Leinölemulsion angerieben sind. Die Farben trocknen schnell und wasserfest, können mit Wasser verdünnt werden und lassen sich vorzugsweise in dünnen Lasuren verarbeiten. Nach Angaben der Herstellerfirma sind sie bis zu fünf Jahre haltbar und mit einer Lichtechtheits- bzw. Lichtbeständigkeitsskala von einem bis fünf Sternen gekennzeichnet.

Kasein-Tempera

Von den Marabu-Werken, Erwin Martz GmbH in Tamm/Württemberg, wird fertige Temperafarbe mit der Bezeichnung »Plakatfarbe Tamma« in Gläsern mit 50 ml angeboten. Sie besitzt die Eigenschaft einer Eitempera und soll nach Verdunstung des Wasseranteils fester und härter als diese auftrocknen.

Verdünnt wird sie mit vier Teilen Wasser und einem Teil Eiemulsion. Werden mehrere Farblagen aufgetragen, sollte die Farbe dann mit drei Teilen Wasser und einem Teil Emulsion verdünnt sein, um Spannungen und ggf. Risse bei der unteren, mageren Farbschicht zu vermeiden. In den Kaseinfarben übernimmt Kaseinleim die Aufgabe eines Emulgators und ist wie das Eigelb eine natürliche Emulsion.

Die traditionellen Farben der Ikonenmalerei

In der traditionellen Ikonenmalerei wurden meist Pigmente aus Erdfarben verwendet, die in verschiedenfarbigen Erden am Ort der Malerwerkstatt vorkamen. Aus Pflanzen und Blumen gewonnene Farben sind hauptsächlich in Handschriften und Miniaturen, weniger in der Ikonenmalerei verwendet worden. Maler früherer Ikonen benutzen nicht mehr als vier oder fünf Grundfarben, die untereinander vermischt andere Farbtöne ergaben und neben den ungemischten, reinen Farben eine konstrastierende Wirkung hatten.

Die in Rußland am meisten verwendete Naturfarbe war Ocker, der giftiges Eisenoxyd enthält. Der Wologda-Bezirk und die Böden entlang der Wolga, Oka und anderen Flüssen sind besonders reich an Ockervorkommen.

Weiße Farbe wurde aus Bleimetall (Bleiweiß) gewonnen. Aus dem Mineral Glaukonit, häufig im Sediment eines Seegrundes bzw. auf Flächen eines früher befindlichen Sees anzutreffen, gewann man eine grüne Farbe (Prazelen). Die Hauptbezugsquelle für grüne Farbe war die Insel Zypern und in Rußland die Region von Kapor. Grüne Farbe konnte auch aus dem Mineral Malachit gewonnen werden. Grünschattierungen der Malerei können oft einen Hinweis auf den Entstehungsort der Ikone geben. Die klassische Ikonenmalerei in Suzdal, Nowgorod und Pskow hat ihre eigene individuelle Farbgebung. So hat die Farbe Zinnober in der Malerei eine Schlüsselposition eingenommen und wurde z.B. in Nowgorod und im Norden Rußlands (Pomore) oft für den Hintergrund der Ikone verwendet. In Nowgorod war der Bildhintergrund lebhaft orangerot, im Norden erdig und weniger lichtdurchlässig. Der Zinnober der Ikonen in Suzdal und Moskau ist mehr scharlachfarben, während der in Pskow einen himbeerfarbenen Ton hat.

Das Blau in Rubljows Ikone der »Trinität« war eine seltene und kostbare Farbe, die aus dem Lapislazuli hergestellt und importiert werden mußte (siehe S. 43).

Farbsymbolik

Einem Ikonenmaler stehen für die Darstellung von Glaubenswahrheiten und Begebenheiten des Jenseits auch nur die gleichen Farben zur Verfügung, in denen jeder Maler die diesseitige Welt mit all ihren Erscheinungsformen und -farben auf seine Leinwand bannt. Deshalb haben die meisten in der Ikonenmalerei verwendeten

Farben eine zusätzliche, symbolische Bedeutung.

So spielt insbesondere Gold in der Ikonenmalerei eine ganz besondere Rolle, es symbolisiert göttliches Licht. Gold kann auch durch die Farben Gelb oder Ocker ersetzt sein. An sich ist Gold keine Farbe, denn es kommt im Spektrallicht nicht vor. Indem man die Bildhintergründe der Ikonen ganz oder teilweise vergoldete, wollte man dem gläubigen Betrachter andeuten, daß sich hinter dem Gold das von ihm nicht sichbare zeitlose Jenseits – die Ewigkeit – verberge.

Im Alten und Neuen Testament werden verschiedentlich beim Zusammentreffen göttlichen und menschlichen Wirkens bestimmte Farben erwähnt, denen dadurch eine transzendentale Bedeutung zuwächst. (Exodus 26,1; 27,16 und 28; Matthäus 16,3; 17,2 und 28,3; Johannes 20,11 und Geheime Offenbarung 1,12; 4,4; 6,5 und 7,9). Diesen Farben – das sind insbesondere Purpur, Weiß, Blau und Gold – wird später auch in der christlichen Ikonographie eine symbolhafte Bedeutung beigemessen.

Purpur ist die älteste, dieser auch symbolisch bedeutsamen Farben. Sie kann in der Malerei durch Scharlach und Rot ersetzt werden. Purpur ist die Farbe der triumphierenden römischen Feldherren, später der römischen Kaiser und Angehörigen der kaiserlichen Familie und ihrer Hofbeamten.

Purpur ist aber in der Ikonenmalerei Gottvater sowie Christus und Maria vorbehalten. Christus trägt als Gekreuzigter häufig ein purpurfarbenes Hemd *(Kolobion)* oder einen Purpurmantel. Purpur, die alte Herrscherfarbe bekommt also auch eine Bedeutung im Sinne der Anwesenheit Gottes und kann auch durch die Farben Blau und

Rot ersetzt werden, in Byzanz auch durch Violett.

Heiligen ist häufig die spätantike Kleiderfarbe Weiß vorbehalten, aber auch Gott selbst oder seine Engel tragen auf Ikonendarstellungen häufig weiße Gewänder. Die himmlischen Heerscharen der Cherubim tragen Blau. Rot ist das Gewand der Seraphim.

Weitere Einzelheiten der Farbsymbolik entnehmen Sie bitte diesbezüglicher Spezialliteratur. Dazu wäre dann auch solche über Zahlen- und Formensymbolik zu empfehlen.

Malen des Gewandes

Nachdem die Vergoldung aufgetragen ist, die Farben für die Temperamalerei angerieben, das Bindemittel angesetzt und auch der Ikonenhintergrund bereits farblich angelegt sind, werden die Gewänder der dargestellten Personen gemalt. Sie werden zunächst in der ikonographisch vorgeschriebenen Grundfarbe angelegt:

Der Chiton Christi (das Untergewand) wird z.B. rot, sein Obergewand – das Himation – blau angelegt, der Chiton der Gottesmutter ist dagegen blau und ihr Maphorion – das kaputzenhafte Obergewand – purpurrot (siehe Abbildung auf S. 67).

Weitere Informationen zu Gewandfarben finden Sie im Kapitel »Farbsymbolik«.

Sind die Gewandformen farblich angelegt und damit die Gesamtkomposition festgelegt, gilt es, die Körperformen und die Gewänder plastisch herauszumodellieren. Das erreicht man, indem man die Gewänder an den lichtzugewandten Stellen aufhellt und in den Konturlinien und Faltenschatten dunkel färbt. Auch bei diesen Arbeiten des Aufhellens und Konturierens sind traditionelle Prinzipien zu beachten.

Grundfarbe

Die ausgewählte Grundfarbe wird pfützenhaft aufgetragen, um einen gleichmäßig deckenden Film zu erhalten. Durch Zumischen von Schwarz zur Grundfarbe oder durch die Wahl einer anderen dunkleren Farbe erhält man die Konturfarbe, mit der die Gewandfalten und die Körperkonturen festgelegt werden.

Bei der Plastifizierung der Körper und Gewänder ist zu beachten, daß bei Ikonen keine weichen Übergänge von Hell nach Dunkel üblich sind, sondern klar umgrenzte Farbflächen bzw. Helligkeits- oder Farbtonabstufungen.

Aufhellung

Die Gewänder werden von den Schatten- zu den Lichtpartien in drei Stufen aufgehellt und zwar nach den Prinzipien des sogenannten »einfachen« bzw. »einfarbigen Reflexes« oder nach den Prinzipien des »zweifachen« bzw. »zweifarbigen Reflexes«.

Beim »Einfarbenreflex« wird der Grundfarbe zu deren Aufhellung je Aufhellungsstufe lediglich immer ein wenig mehr Weiß zugesetzt.

Beim »Zweifarbenreflex« wird die Grundfarbe des Gewandes mit anderen Farben (Kontrast- und Komplementärfarben) aufgehellt.

Einfarbenreflex

Zweifarbenreflex

Ob Einfarben- oder Zweifarbenreflex hängt von der Grundfarbe ab: Gewänder in heller Grundfarbe (Ocker, Siena gebrannt) werden allgemein durch Zusatz von Weiß zur Grundfarbe – also im »Einfarbenreflex« – aufgehellt. Dunkle Gewänder werden im »Zweifarbenreflex» meist mit Rot und Grün aufgehellt.

Ergibt sich bei der Aufhellung ein zu harter Helligkeitskontrast zwischen den verschiedenen Helligkeitsstufen, können diese durch lasierende Farbüberzüge mit verdünnter Grundfarbe nachträglich »zusammengebunden« und damit harmonisiert werden (siehe auch Kapitel »Lasuren«, S. 92).

Dreistufige Gewandaufhellung

Hierbei ist wie folgt zu verfahren:

Bei einem blauen Gewand wird der Grundfarbe Schwarz beigemischt und damit das Gewand konturiert und die Falten gemalt. Die drei Aufhellungen der Grundfarben sind nach Schema unten vorzunehmen.

Mit dieser Malweise wird ein stufenweiser abgestimmter Übergang und eine Plastizität des Gewandes erzielt. Die Breite der zweiten und dritten Aufhellung zur Gewandfalte beträgt jeweils die Hälfte der vorhergehenden.

Traditionelle Aufhellung

Unter »einfachem Reflex« wird die Aufhellung des Gewandes durch Zusatz von nur weißer Farbe zur Gewandgrundfarbe verstanden. Diese Art der Aufhellung wurde in der Ikonenmalerei traditionell seit dem 15. Jh. angewandt und mit ihr die Form des menschlichen Körpers betont. Als Reflexlichter steigern sie die Plastizität der Gewandform.

Beim Zweifarbenreflex werden bei der Aufhellung nicht weiße, sondern zwei andersfarbige Lichtreflexe angewandt. Diese besonders in der Nowgoroder und später in der Moskauer und Palecher Ikonenmalerei praktizierte Maltechnik basiert auf Farb- und Lichtreflexen, die mit zurückhaltenden Komplementärfarben zu der Grundfarbe des Gewandes erzielt werden. Sie betonen stärker die Einzelheiten des Gewandes.

So wurden rötlich-braune Grundfarbtöne mit kaltem Hellblau und ein brauner Gewandfarbton mit lichtem Grün aufgehellt.

Alternative Gewandmaltechniken

Manche Maler untermalten die Gewandfläche mit einer Farbmischung aus den Farben Rot und Weiß. Die Umrisse und Faltenwürfe wurden dann nur mit roter Farbe ohne den Zusatz von Weiß konturiert. Für lichtbedeckte Stellen setzte man der rot-weißen Grundfarbe mehr Weiß hinzu. Jede Farblage wurde gegen den Rand des vorherigen Farbauftrags verdünnt und verwaschen. Nur die hellsten Stellen blieben konturscharf stehen.

Schema einer traditionellen Aufhellung

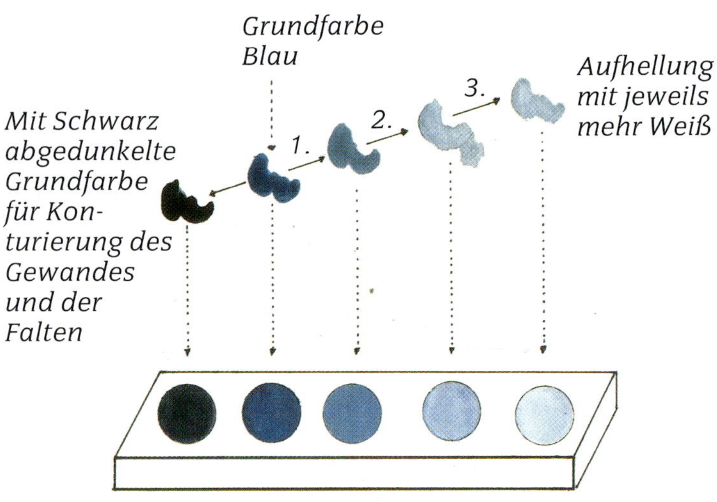

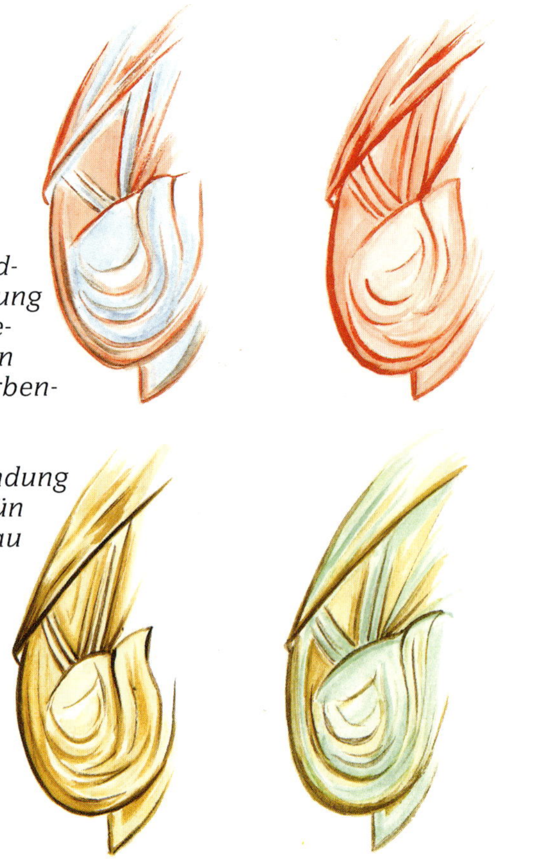

Gewandaufhellung im sogenannten Zweifarben-Reflex unter Verwendung von Grün und Blau

Blattvergoldeter Nimbus

1.
2.
3.

Aufhellung im Gewand Christi

1.
2.
3.

Aufhellung im Gewand der Gottesmutter

Ikone der Gottesmutter der Passion
Nach Ausmalung und abgeschlossener Aufhellung der Gewänder folgt nun die Modellierung des Inkarnats und die Beschriftung der Ikone

Faltenwurf des Gewandes und seine dreistufige Aufhellung nach einer Ikone »Christus Pantokrator«

Konturierung des Gewandes und Malen des Faltenwurfs mit abgedunkelter Gewandgrundfarbe

Erste Aufhellung

Zweite und dritte Aufhellung

Dreistufige Gewandaufhellung einer Ikone des Erzengels Michael

Vollendung der Ikone

Der Ikonenrand (russisch: Pole)

Der Behandlung des Ikonenrandes kommt die gleiche Beachtung zu wie den anderen Teilen der Ikone. In Rußland wurde der Ikonenrand zum Mittelfeld und seine Außenränder mit einer oder auch zwei Linien in unterschiedlicher Breite und Farbe eingefaßt.

Frühe Ikonen hatten einen wesentlich breiteren Außenrand als die nach dem 13. Jh. Allgemein war die zwischen dem Rand und dem vertieften Mittelfeld angebrachte Begrenzungslinie in transparenter Zinnoberfarbe gemalt. Ikonen des 16. Jh. hatten immer ein vertieftes Mittelfeld.

Im 17. Jh. war der Außenrand meist rot.

Auf Ikonen des 18. und 19. Jh. waren die Außenseiten rot und grün und hatten zum Mittelfeld eine weiße Begrenzungslinie.

Die Farbe für den eigentlichen, breiten Ikonenrand war auf die im Mittelfeld vorherrschenden Farben harmonisch abgestimmt, meist ockerfarben und im 19. Jh. auch Gold. Eine in den gelblichen Ockerton gehende Farbe des Randes ist für die Zeit um 1800 charakteristisch.

Auf dem Rand sind je nach Ikonenmotiv Gebetstexte, bei Festtagsikonen die Bezeichnung der Festtage und ab dem 18. Jh. einzelne oder mehrere Heilige gemalt worden. Aus der Zahl der Heiligen, die auf den Rand gemalt wurden, kann allgemein auf die Zahl der Familienmitglieder des Besitzers der Ikone geschlossen werden.

Auf den meisten Ikonen der späteren Zeit ist der Titulus, der Name der Ikone, in kirchenslavischer Schrift oder auch in schwer lesbarer Zierschrift angebracht (siehe auch »Beschriftung der Ikonen«).

Neben der farblichen Gestaltung der Ikonenränder wurden sie ab dem Ende des 18. Jh. bis 1917 mit Flechtmustern oder Zierornamenten versehen, die eine Emaillierung des Ikonenrandes ersetzen sollten.

Die Ornamentierung war in Form und Farbe bei den einzelnen Schulen unterschiedlich und ist hier nur in zwei Beispielen wiedergegeben. In russischen, aber auch balkanischen Ikonen findet man nach 1800 die sogenannte Rocaille als Ornament vor, eine asymmetrische Muschelform, die auch im Rokoko in Westeuropa beliebt war.

Obwohl die Ikonenmalerei eine anonyme Kunst war, sind einzelne Ikonen im unteren Teil der Malerei im Mittelfeld oder auf dem unteren Rand vom Maler datiert und signiert worden. Stroganowikonen wurden auf der Rückseite der Ikonen signiert und datiert.

Beschriftung der Ikonen

Auf Ikonen dargestellte Heilige wurden immer beschriftet. Eine Ikone erhält damit gewissermaßen den Charakter einer Urkunde. Frühe russische Ikonen wurden griechisch, spätere altkirchenslavisch beschriftet. Die Beschriftungen bei Christus und der Gottesmutter sind neben Rußland auch in den übrigen slavischen Ikonenländern immer mit griechischen Kürzungen (Abbreviaturen) versehen. Für das griechische Wort Jesus I(HCOY)C = IC und Christus X(PICTO)C = XC und für das Wort Mutter M(HTH)R = MR und Gottes O(EO)Y = OY. Die Abkürzung besteht also aus den Anfangs- und Endbuchstaben der betreffenden Worte.

Die kirchenslavische Liturgiesprache hat zahlreiche Abkürzungen, die von dem dieser Sprache nicht kundigen Ikonenmaler schwer zu entschlüsseln sind.

҂ЗРѮЅ го^ду писа^л федоровъ симо^н ушаковъ

Im Jahre 7166 (= 1658 n. Chr. Geburt) hat Simon Feodor Uschakov (diese Ikone) gemalt

Beischriften
werden angebracht bei Namensbezeichnungen heiliger Personen;
Bezeichnung von dargestellten Ereignissen, z.B. bei Festtagsbildern, Einzelbilder aus dem Passionszyklus und bei Vitenikonen;

Evangelientexte im geöffneten Buch des Lebens bei Ikonen Christus Pantokrator, wie Matth. 11,27: »Alles ist mir von meinem Vater übergeben...«, 11,28: »Kommet her zu mir alle...«, 25,34: »Kommt her ihr gesegneten meines Vaters«; Joh. 18,12: »Ich bin das Licht der Welt...«, 10,9: »Ich bin die Tür...«;

im geöffneten Buch des Lebens z.B. auf einer Ikone des Hl. Nikolaus wird meist der Anfangstext des Evangeliums vom 6.12., seinem Gedenktag, nach Luk. 6.17 dargestellt: »In jener Zeit versammelte Christus in Judäa viel Volk um sich...«.

Christus- und Gottesmutterikonen werden gleich welcher Provinienz grundsätzlich mit griechischen Kürzeln beschriftet.

Beispiel der griechischen Vollform, deren Kürzel nur die Anfangs- und Endbuchstaben sind.- Die nicht ausgeschriebenen Buchstaben werden durch einen Strich (Tilde) über dem Kürzel kenntlich gemacht, also IHCOYC , XPHCTOC
IC XC
$\overline{IC}$ $\overline{XC}$

Kirchenslawische Kürzung ІНСꙊСЪ ХРИСТО́СЪ
ІНСЪ ХР͠ТОСЪ

Russische Kürzung ІНСУСЪ ХРИСТОСЪ

Beispiel der griechischen Vollform in der Gottesmutter-Ikonographie: MHTHP ΘEOY

Als Kürzel nur die Anfangs- und Endbuchstaben: MP ΘY

Die nicht ausgeschriebenen Buchstaben werden wie bei Christus durch einen Strich (Tilde) über dem Kürzel kenntlich gemacht: $\overline{MP}$ $\overline{ΘY}$

Beschriftungen auf dem Ikonenrand dienen dem Verständnis der Ikonographie und erfüllen auch pädagogische Zwecke.

Bei Johannesikonen werden auf Schriftbändern folgende Evangelientexte abgebildet:
Matth. 3,2: »Tut Buße…«, Joh. 1,29: »Siehe das Lamm Gottes, welches trägt die Sünden der Welt…«.

Die vorgenannten Evangelientexte werden fortlaufend ohne Worttrennung geschrieben und sind bei Anwendung einer Zierschrift noch schwieriger zu entziffern. (Bei griechischen Ikonen ist die Beschriftung in griechischer Sprache ausgeführt).

Nachstehend eine Zusammenstellung auf Ikonen verwendeter Worte und ihre Abkürzungen (Auswahl).

Vollform	*Abkürzung*	*Bedeutung*	*Vollform*	*Abkürzung*	*Bedeutung*
Ангелъ	Агг҃лъ	*Engel*	Епископъ	Епⷭ҇пъ	*Bischof*
Богъ	Бг҃ъ	*Gott*	Іерусалимъ	Іеⷭ҇лимъ	*Jerusalem*
Благъ	Бл҃гъ	*gut*	Крестъ	Крⷭ҇тъ	*Kreuz*
Блаженъ	Бл҃женъ	*gesegnet*	Креститель	Крⷭ҇титель	*Täufer*
Духъ	Дх҃ъ	*Geist*	Милость	Мл҃ть	*Güte*
Дѣва	Дв҃а	*Jungfrau*	Милосердіе	Млⷭ҇рдіе	*barmherzig*
Іисусъ	Іи҃съ	*Jesus*	Мѣсяцъ	Мⷭ҇цъ	*Monat*
Молитва	Мл҃тва	*beten*	Престолъ	Прⷭ҇толъ	*Altar*
Мати	Мт҃и	*Mutter*	Рождество	Рж҃тво	*Geburt*
Марія	Мр҃іа	*Maria*	Богородица	Бц҃а	*Gottesgebärerin*
Мученикъ	Мч҃нкъ	*Märtyrer*	Благодать	Блгⷣть	*Gnade*
Небо	Нб҃о	*Himmel*	Владыка	Вⷣка	*Leiter*
Отецъ	Ѻц҃ъ	*Vater*	Владычица	Вⷣчца	*Gebieterin*
Святъ	Ст҃ъ	*heilig*	Мудръ	Мⷣръ	*Weise*
Святитель	Ст҃ль	*Erleuchter*	Младенецъ	Млⷣнцъ	*Kind*
Спасъ	Сп҃съ	*Erlöser*	Недѣля	Нⷣля	*Sonntag*
Сынъ	Сн҃ъ	*Sohn*	Праведникъ	Прв҃къ	*gerechter Mann*
Царь	Цр҃ь	*König/Zar*	Предтеча	Прⷣтеча	*Vorläufer*
Господь	Гд҃ь	*Der Herr (Gott)*	Преподобецъ	Прп҃бенъ	*ehrwürdig*
Госпожа	Гж҃а	*Herrin*			
Дѣвство	Дв҃тво	*Jungfräulichkeit*			

Der Schlußfirnis als Schutzschicht (Olifa)

Nach Abschluß des gesamten Malvorgangs wurde die Ikone mit einer Schutzschicht, der sogenannten Olifa, versehen.

Ikonen wurden traditionell nicht lackiert, sondern mit einer Schutzschicht aus schnelltrocknendem, gekochtem, dicken Leinöl mit gestoßenem Bernstein »Olifa« vor Feuchtigkeit, Staub und Kerzenruß geschützt. Man trug z. B. die Olifa am Abend dick auf. Die stumpf getrockneten Farben nahmen nun über Nacht das Öl auf. Am nächsten Morgen wurde das überschüssige Öl mit der Handkante auf einen Tellerrand abgestreift. Dieser Vorgang wurde so oft wiederholt, bis durch kreisendes Verreiben mit dem Handballen eine gleichmäßig verteilte, ganz dünne, glänzende Schicht blieb. Durch den Olifa-Auftrag wurden die Temperafarben in ihrer Wirkung kräftiger und leuchtender und erhielten einen warmen goldfarbenen Ton. Der Nachteil liegt darin, daß die Olifa Schmutz und Staub aufnimmt und damit dunkler wird. Nach etwa 80 Jahren ist die Oberfläche der Ikone oft fast schwarz. Man sprach dann von »schwarzen Brettern«. Die früher zum Schutz der Farben auf die gesamte Malfläche aufgetragene Schutzschicht aus gekochtem Leinöl mit gestoßenem Bernstein wird heute kaum angewandt.

Als Schutzschicht eignet sich naturfarbener Schellack, der auch mit einer Spur lichten Ockers versetzt werden kann und zügig mit einem breiten Pinsel aufgetragen wird. Der Auftrag kann nach Trocknung wiederholt werden. Die Schutzschicht soll aber nicht glänzen. Auf keinen Fall darf die Ikone lackiert werden. Als Schutzschicht eignet sich auch in Terpentin gelöstes Bienenwachs, das mit dem Finger aufgetragen und nach zwei Tagen mit dem Handballen und einem weichen Tuch poliert werden kann.

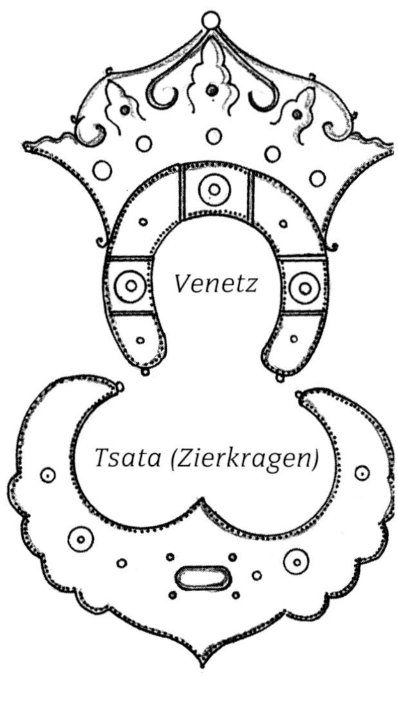

Okladikonen

Im 17. und 18. Jh. war es in Rußland üblich, Ikonen mit einem Metallüberfang meist aus Silber oder versilbert so zu bedecken, daß von der Malerei nur das Gesicht und die Hände unbedeckt blieben. Der Metallüberfang, aus Zier-, Schutz- bzw. religiösen Gründen angebracht, wurde Oklad oder Riza (Risa) genannt. Er wurde zeitlich später als die Ikone angefertigt. Bis in das 18. Jh. wurden für Oklade nur Edelmetalle verwendet. Seltener wurde das Oklad mit Gold- und Silberfäden gestickt und mit Perlen geschmückt.

Als gegen Ende des 19. Jh. der Bedarf an Ikonen stieg und diese fabrikmäßig hergestellt waren, wurde auch das dazugehörige Oklad meist aus Messing- oder Kupferblech versilbert, in wenigen Fällen auch vergoldet, angefertigt. Oklade konnten aus einem Stück von Hand getrieben oder aus einzelnen Teilen angefertigt sein, die dann zusammengesetzt wurden. Gegen Ende des 19. Jh. traten maschinell gefertigte Oklade auf.

Eine andere Art des Metallüberfangs war das sogenannte Basma, das aus dünner Silber- oder Goldfolie mit Ranken, Blumen und anderen Mustern verziert in einer Bandform hergestellt und auf dem erhöhten Ikonenrand angebracht wurde.

Auch der gemalte Nimbus eines Heiligen konnte mit einem metallenen sogenannten Venetz (Kranz, Krone) oder einer Koruna (Blätterkrone) umgeben sein, an der am unteren Teil ein halbmondartiger Zierkragen (Tsata) angehängt werden konnte.

Ikonenweihe

Die in den Malerwerkstätten Rußlands und auf dem Balkan entstandenen Tafelbilder wurden im liturgischen Sinn erst dann zu Ikonen, wenn sie von einem Bischof oder Priester geweiht bzw. gesegnet waren. So wie man erst durch die Taufe in die Christenheit aufgenommen wird, so wird ein Bild durch Weihe zur Ikone. Sie steht fortan als geweihter Gegenstand unter dem Schutz der Kirche. Ohne Weihe gilt sie nur als eine bemalte Tafel.

Oklad zur Ikone der Gottesmutter von Vladimir

Schrittweise Erarbeitung einer Christus-Pantokrator-Ikone

Erster Schritt:
Der Bildträger wird beschafft

Den für meine Ikone benötigten Bildträger – eine Tischlerplatte im Format 13 x 16 cm – kaufe ich in einer Holzhandlung (oder beim Schreiner). Für die Tischlerplatte habe ich mich aufgrund ihrer bereits vorne beschriebenen günstigen Eigenschaften und ihrer leichten Bearbeitbarkeit entschieden.

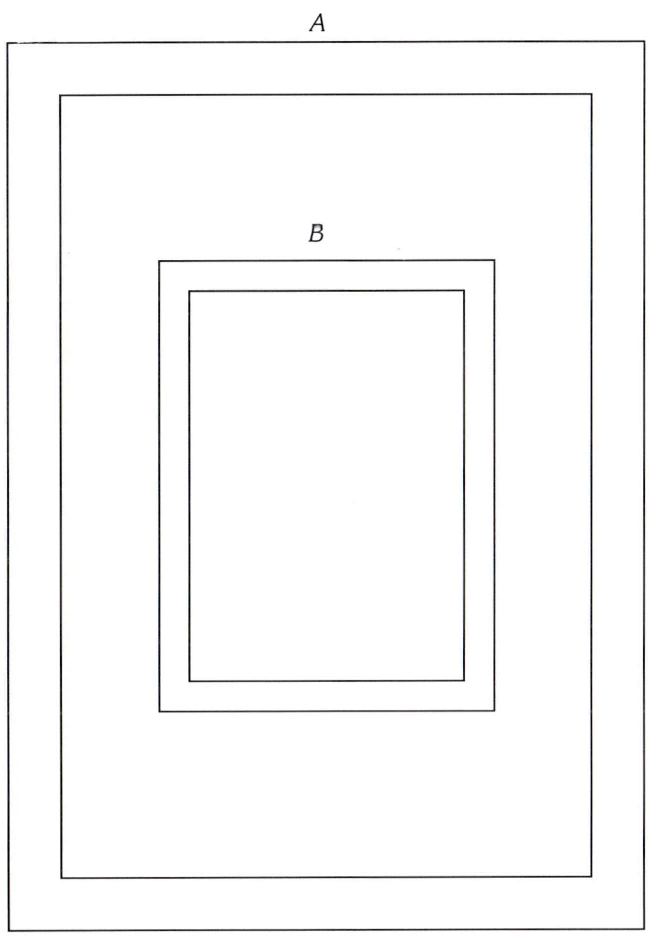

Format des Bildträgers
A 23 x 32 cm
mit einer Bildfläche von 19 x 28 cm, gleicher Ikonenrandbreite von 2 cm und einer Holzstärke von 20 mm oder

B 13 x 16 cm
mit einer Bildfläche von 11 x 14 cm, gleicher Ikonenrandbreite von 1 cm und einer Holzstärke von 16 mm

Zweiter Schritt:
Der Bildträger wird vorbereitet

Die als Bildfläche bzw. Malgrund vorgesehene Seite und die Kanten des Bildträgers werden mit Schleifpapier geschliffen. Ich bewege dabei den Schleifklotz in der Faserrichtung des Deckfurniers. Die größeren Kerben und Unebenheiten gleiche ich mit Holzkitt aus und schleife wieder.

Dritter Schritt:
Vorleimen des Bildträgers

Die Vorderseite, die Rückseite und die Kanten des Bildträgers werden gegen Feuchtigkeitseinflüsse mit Dispersionsbinder (Caparol) imprägniert. Dazu wird der Binder mit Wasser im Verhältnis 2:1 verdünnt, gut durchgerührt und mit einem Borstenpinsel (4–6cm breit) horizontal und vertikal blasenfrei aufgetragen. Der Leimauftrag wird nach Trocknung wiederholt.

Vierter Schritt:
Grundieren des Bildträgers

Mit einer etwa 5–6cm breiten Japanspachtel wird mit Molto-Feinspachtel – im Handel erhältlich – drei- bis viermal in wechselseitiger Richtung nach Trocknung des vorherigen Auftrags grundiert und mit Naßschliffpapier der Körnung 400 bis 600 glatt geschliffen. Hierzu sei auf die Beschreibung auf der Seite 32 verwiesen.

Vorzeichnung der Ikone Christus Pantokrator (Christus der Allherrscher)

Fünfter Schritt:
Vorzeichnung und ihre Übertragung auf den Malgrund

Ich fertige eine sorgfältige und schon recht detaillierte Vorzeichnung an. Als Vorlage nehme ich eine Ikone aus einem Bildband. Ich benutze für die Zeichnung einen Bleistift der Stärke B 2, ich hätte aber auch mit der Stärke B oder HB arbeiten können, manchmal nehme ich auch einen Minenhalter mit einer Bleistiftmine gleicher Stärken.

Ich übertrage die Vorzeichnung mit Hilfe eines sogenannten »Schneider-Pauspapiers«, wie es auch für die Übertragung von Schnittmustern gebräuchlich ist. Schwarzes oder blaues Kohlepapier sollte man nicht nehmen. Auf das Pauspapier wird die Vorzeichnung gelegt und beides mit Tesafilm-Streifen auf dem Bildträger befestigt, um ein Verrutschen der Vorzeichnung bei der Übertragung zu vermeiden. Die Linien der Vorzeichnung ziehe ich nun mit einem spitzen Bleistift, noch besser mit einem farbigen Kugelschreiber nach. Auf diese Weise kann ich feststellen, daß alle Linien der Vorzeichnung auf den Malgrund übertragen sind. Nach Entfernen der Vorzeichnung und des Schneider-Pauspapiers kann ich die übertragene Zeichnung noch mit Bleistift korrigieren. Eine gute Vorzeichnung und deren sorgfältige Übertragung auf den Malgrund sind bereits die halbe Arbeit und die Grundlage für das Gelingen einer Ikone.

Sechster Schritt:
Einritzen der Hauptlinien

Von der übertragenen Zeichnung ritze ich die Hauptmerkmale des Gesichts und die Linien im Kreuznimbus ein, um

a nach dem allgemein dunklen Sankirauftrag als Grundfarbe des Gesichts die Hauptlinien wiederzuerkennen und

b die Begrenzung der zu vergoldenden Fläche beim Nimbus zu kennzeichnen.

Die Linien werden vorsichtig mit einem spitzen Gegenstand (z. B. einer Kopiernadel) in den Kreidegrund geritzt, damit die Linien nicht ausplatzen. Der kreisförmige Heiligenschein, der Nimbus, wird mit dem Zirkel eingeritzt.

Siebenter Schritt:
Anlegen der Vergoldung (Mattvergoldung)

Bei der Vergoldung des Heiligenscheins verfahre ich wie folgt:

1. Der Malgrund der zu vergoldenden Flächen wird, um seine Saugkraft zu vermindern, mit einer Schellacklösung isoliert, bestehend aus einem Teil Spiritus und drei Teilen Schellack. Den Auftrag wiederhole ich, bis eine gleichmäßige, glänzende Schellackoberfläche entstanden ist. Hierbei ist zu beachten, daß die Schellacklösung staubfrei trocknet. Eine Isolierung des Malgrundes ist deshalb notwendig, weil sonst das für die Mattvergoldung benötigte Anlegeöl (Mixtion) in den Kreidegrund einziehen und seine für die Haftung des Blattgolds notwendige Bindekraft verlieren würde.

2. Auf die trockene Schellackisolierung trage ich dann das für die Haftung des Blattgoldes notwendige Anlegeöl (Mixtion) auf, das drei Stunden trocknen muß. Zu stark aufgetragenes Anlegeöl kann man mit Löschpapier wieder abnehmen.

Nach teilweiser, aber nicht vollständiger Trocknung des Anlegeöls prüfe ich, ob matte Stellen zurückgeblieben sind. Ist dies der Fall, würde das Blattgold an diesen Stellen nicht haften. Der Auftrag des Anlegeöls muß deshalb wiederholt werden.
Den richtigen Zeitpunkt für das Anlegen des Blattgoldes prüft man mit der Fingerspitze. Man fährt über das Anlegeöl und wenn dabei ein pfeifendes Geräusch entsteht, ist der richtige Zeitpunkt für das Anlegen des Blattgoldes erreicht.

3. Für die Vergoldung sollte meiner Meinung nach der Anfänger zu seiner Erleichterung nicht Poliergold, sondern das sogenannte »Sturmgold« oder »Transfergold« verwenden. Es ist auf dünnen Seidenpapierblättchen befestigt und im Fachhandel in unterschiedlichen Größen erhältlich. Man schneidet das Blattgold mit der Schere in die benötigte Größe, legt es auf die mit Anlegeöl bedeckte Fläche, drückt es mit einem Wattebausch an und zieht das Seidenpapier ähnlich wie bei einem Abziehbild ab. Für die Vergoldung benötige ich mehrere Goldblättchen. Jedes bereits angelegte Blattgold wird von einem neuen Blättchen etwas überlappt, um eine nahtlos vergoldete Fläche im Nimbus zu erhalten.

Nach etwa vierundzwanzig Stunden vertreibe ich das überschüssige Gold mit einem weichen Haarpinsel, so daß eine konturstarke vergoldete Fläche bleibt.

Es sollte beachtet werden, daß das Blattgold »ertrinkt«, legt man es zu früh auf das Anlegeöl. Wird es zu spät angelegt, hat die Mixtion keine Klebekraft mehr und das Blattgold haftet nicht.

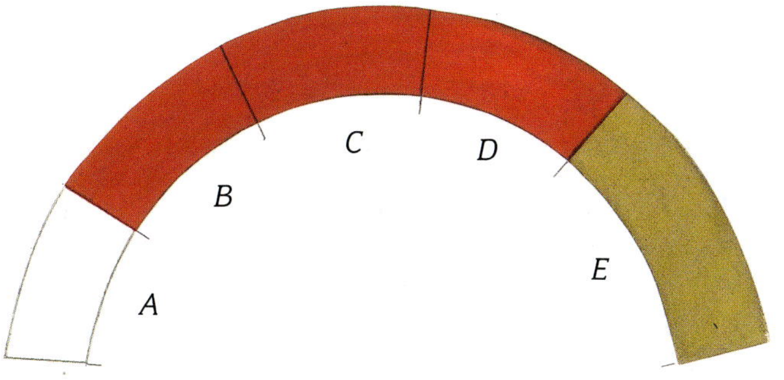

Vergoldung des Heiligenschein (Nimbus) wie im Abschnitt »Vergoldung« (Mattvergoldung) auf Seite 87 beschrieben
A Kreidegrund oder Dispersionsgrund
B Untermalung mit rotem Farbpigment
C Schellackauftrag
D Mixtionauftrag
E Anlegen von Transfer- oder Kompositionsgold

Achter Schritt:
Auswahl der Farbpigmente

Für das Malen der Ikone verwende ich folgende wasserlösliche Farben in Pulverform (Pigmente) bester Qualität und zwar für:
den Hintergrund lichten (hellen) Ocker,
das Untergewand (Chiton) Kadmiumrot,
das Obergewand (Himation) Chromoxyd grün feurig,
das Evangelienbuch Titanweiß,
die Schrift Elfenbeinschwarz,
die Beschriftung auf dem Hintergrund und im Kreuznimbus Kadmiumrot,
das Gesicht und die Hände Umbra natur (Sankirfarbe) und
den Ikonenrand Grün und lichten Ocker.

Außer den weißen Pigmenten sollte man zunächst nur kleine Mengen der bezeichneten Farben beschaffen.

Neunter Schritt:
Ansetzen des Bindemittels und der Temperafarben

Die Ikone wird in traditioneller Eitemperatechnik gemalt, d.h. die zu verwendenden Farben (Pigmente) werden mit einer natürlichen Eiemulsion gebunden. Das Ansetzen der Eiemulsion und das Anreiben der Temperafarben wird auf den Seiten 92 ff. ausführlich beschrieben.

Zehnter Schritt:
Der Hintergrund wird gemalt

Nach Übertragung der Vorzeichnung auf den Malgrund und Trocknung der Vergoldung des Nimbus beginnt der eigentliche Malvorgang, der

mit »Erschließen oder Eröffnung der Ikone« bezeichnet wird. Hierbei werden die Grundfarben für den Hintergrund, das Gewand und das Evangelienbuch aufgetragen.

Den Farbauftrag wiederhole ich, bis eine farblich gleichmäßige Oberfläche entstanden ist. Deckt die Farbe schon beim ersten Auftrag, ist sie mit Sicherheit zu dick und würde später abplatzen. Alle Farbaufträge sollen stets dünn sein, so daß man die Flächen zwei- bis dreimal übermalen und wenn notwendig auch lasieren kann.

Ich beginne, den Hintergrund zu malen. Die Flächen, das Gesicht und die Hände bleiben wie aus der Abbildung rechts ersichtlich noch unbedeckt.

Elfter Schritt:
Das Untergewand wird gemalt

Als Grundfarbe für das Untergewand habe ich Kadmiumrot hell angerieben. Die Farbe kann dreimal aufgetragen werden, bis eine gleichmäßig gedeckte Oberfläche erzielt ist. Danach werden die Falten des Untergewandes mit einer mit Schwarz abgedunkelten Grundfarbe konturiert. Dann helle ich stufenweise auf unter Zusatz von lichtem Ocker und Weiß zur Grundfarbe. Für die zweite und dritte Aufhellung setze ich jeweils etwas mehr Weiß zu.

Den Perlenbesatz am Saum des Gewandes am Hals und rechten Ärmel erziele ich, indem ich einen mit Farbe gefüllten Zirkel senkrecht halte und andrücke.

Zwölfter Schritt:
Das Obergewand wird gemalt

Die Grundfarbe für das Obergewand besteht aus Chromoxydgrün feurig und einer Spur Schwarz. Sie wird wie beim Untergewand bis zu dreimal pfützenhaft aufgetragen. Für die Konturierung und Aufhellung des Gewandes werden nach dem Prinzip eines dreistufigen Farbaufbaues auf die Grundfarbe drei hellere Farbtöne vorbereitet.

Farben:

1. Stufe: Grundfarbe und zusätzlich Schwarz für die Konturierung des Gewandes und der Falten;
2. Stufe: Grundfarbe, der Weiß zugesetzt wird für die Halbschatten;
3. Stufe: Zweite Farbe plus noch etwas mehr Weiß für die hellsten Stellen des Gewandes.

Mit der ersten Farbe konturiert man mit feinen Strichen die Umrisse und Falten des Gewandes. Die zweite Farbe ist für die Flächen der Halbschatten bestimmt und mit der dritten Farbe malt man die hellsten Stellen des Gewandes.

Dreizehnter Schritt:
Das Evangelienbuch wird gemalt

Die Blattseiten des Evangeliums lasiert man mit Titanweiß und einer kleinen Spur lichten Ockers. Darauf wird der Text in kirchenslavischen Buchstaben mit schwarzer Farbe (Elfenbeinschwarz) und feinem Pinsel gemalt. Ersatzweise kann man in deutscher Schrift das am häufigsten vorkommende Bibelzitat bei Matthäus, Kap. 11,28 »Kommt her zu mir alle, die ihr mühselig und beladen seid, ich will euch erquicken« wählen. In kirchenslavischer Schrift wird ohne Trennung der Worte durchgehend geschrieben. Das Ornament auf dem sichtbaren Buchblock male ich mit der Hintergrundfarbe und einem feinen Haarpinsel.

Vierzehnter Schritt:
Gesicht und Hände werden gemalt

Die Grundfarbe des Gesichts heißt Sankir und besteht meist aus einer mit mehreren Farben erstellten Mischfarbe unterschiedlicher Farbwirkung. Ich nehme hier nur Umbra natur.

Mit dieser Grundfarbe wird das ganze Gesicht bedeckt. Danach beginnt die Konturierung der Gesichtsteile, deren wesentliche Merkmale in den Malgrund eingeritzt sind und durch den Sankirauftrag sichtbar bleiben. Die Konturierfarbe ist eine Mischfarbe aus Rot und Schwarz. Sie wird Ekseder genannt. Sie muß dunkler als die Sankirfarbe sein. Mit Ekseder und in feiner Malweise male ich die Umrißlinien der Augen, Nase, Mund usw. Bei den folgenden Aufhellungen des Gesichts darf die Farbe an der Grenzlinie zum Sankir nicht trocknen, weil sonst scharfe Ränder entstehen. Um einen randlosen, weichen Übergang zum Sankir zu erreichen, wird die Farbe an der Begrenzungslinie mit einer verdünnten Emulsion im Verhältnis 3:1, d.h. drei Teile Wasser und ein Teil Eiemulsion, verwaschen. Sollte die aufgetragene erste Farbe die Begrenzungslinie zum Sankir überschreiten, kann ich sie, soweit sie noch naß ist, mit einem trockenen Pinsel aufnehmen.

Für die Hände wird die Sankirfarbe des Gesichts (Umbra natur) verwendet und die Finger mit den Farben des Gesichts konturiert und aufgehellt.

Nach Abschluß der Ausmalung des Gewandes werden das Gesicht und die Hände mit der Grundfarbe (Sankir) untermalt, die als Schattenfarbe stehen bleibt

Fünfzehnter Schritt:
Das Haar wird gemalt

Als Grundfarbe für das gescheitelte Haupthaar Christi nehme ich Umbra gebrannt. Haarsträhnen male ich in feinen Linien mit Ocker. Lichtstellen werden mit Ocker und wenig Weiß betont.

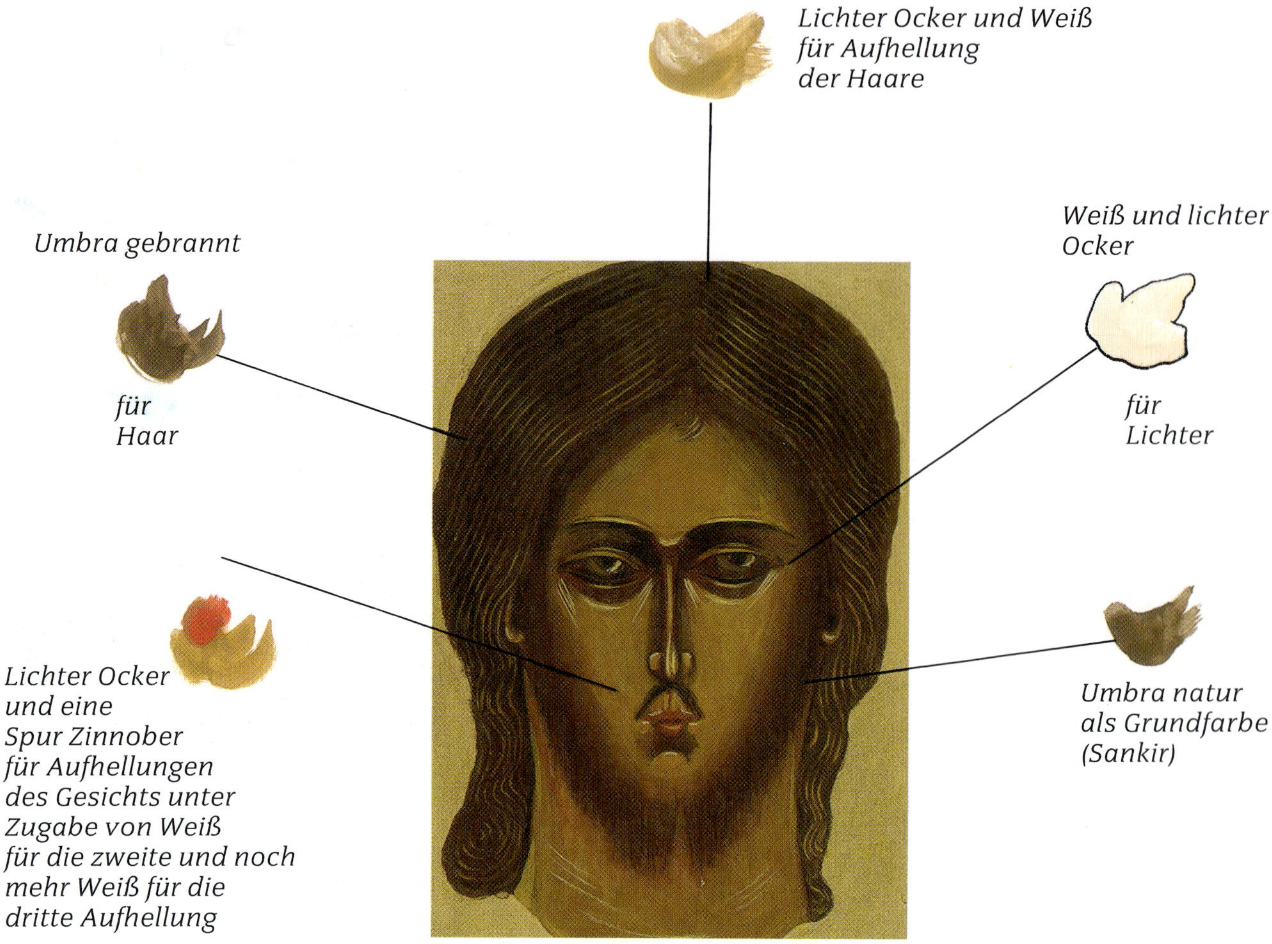

Sechzehnter Schritt:
Augen, Nase und Mund werden gemalt

Augenbrauen, Nase und Mund werden mit Ekseder Rot und Schwarz konturiert. Der Augapfel behält die Sankirfarbe und wird zur Pupille mit wenig Ocker aufgehellt. Die Pupille hat eine Kreisform und wird gegen den oberen Lidrand gesetzt. Ihre Farbe ist Schwarz. Nasenspitze, Nasenflügel, Oberlippe und Mundwinkel werden mit Weiß und einer Spur lichten Ockers betont.

Der Mund wird allgemein klein gemalt und die Ober- und Unterlippe schwach mit Kadmiumrot lasiert.

Siebzehnter Schritt:
Der Ikonenrand wird angelegt

Mit einem kadmiumroten Rand wird die Bildfläche rechtwinklig eingefaßt. Das geschieht am besten unter Zuhilfenahme eines Lineals und eines mit Farbe gefüllten Halters aus dem Zirkelkasten. Der anschließende breite Rand wird mit Grüner Erde und einer Spur gebrannter Siena ausgeführt. Mit Kadmiumrot zieht man dann den äußeren Rand der Ikone.

Der Ikonenrand
Mit einem kadmiumroten Rand wird die Bildfläche rechtwinklig eingefaßt. Das geschieht am besten unter Zuhilfenahme eines Lineals und einer mit Farbe gefüllten Reißfeder aus dem Zirkelkasten. Der anschließende Rand wird mit grüner Farbe und einer Spur Ocker ausgeführt. Mit Kadmiumrot zieht man dann den äußeren Rand.

Achtzehnter Schritt:
Die Ikone wird beschriftet

Die Beschriftung auf dem Hintergrund der Ikone, die Umrandung des Heiligenscheins sowie die griechischen Kürzel »ho on« im Kreuznimbus werden mit Kadmiumrot und einem feinen Pinsel gemalt. Christusikonen gleich welcher Provinienz werden immer mit dem griechischen Kürzel IC für den Namen Jesus und XC für den Namen Christus mit einem Strich über der Abkürzung (IC XC) beschriftet. Sie bedeuten die Anfangs- und Endbuchstaben des Namens Jesus Christus. In dem dreiästigen Kreuznimbus, der nur Christus vorbehalten ist, stehen die griechischen Buchstaben »ho on« d.h. »Der Seiende« oder »Ich bin, der ich bin« als der dem Moses offenbarte göttliche Namen (2. Mose III,14).

Nach der Vorzeichnung vollständig ausgemalte Ikone im Format 13 x 16 cm

Schrittweise Erarbeitung einer Engel-Ikone

Fertig ausgemalte Ikone
mit Aufhellungen des Gesichts und der Haare

Vorzeichnung

Übertragung der Vorzeichnung auf den Malgrund

Blattvergoldung des Heiligenscheins

Abkehren des überschüssigen Blattgoldes

Eröffnung der Ikone: Auftrag der Grundfarben auf den Hintergrund und das Gewand

Auftrag des Sankir auf das Gesicht und die Haare, Konturierung der Gesichtsteile

Anhang

Russische Fachbegriffe der Ikonenmalerei

Assist feinste mit Gold ausgeführte federartige Striche (Goldschraffur) auf dem Gewand von Christus, aber auch auf anderen Details einer Ikone

Basma Metallstreifen auf dem Ikonenrand aus Edelmetall oder Messing

Clipeus Rundbild mit der Darstellung von Christus vor der Brust der Gottesmutter Orans

Deesis Fürbitte, ein Dreierbild mit Christus in der Mitte, flankiert von seiner Mutter und Johannes dem Vorläufer (Täufer)

Dolicnik Maler einer Werkstatt, der für das Malen einer Landschaft zuständig war

Graf'ja Einritzen einer mit Bleistift oder Kohle auf dem Malgrund übertragenen Zeichnung

Kovčeg auf der Vorderseite einer Ikone vertieftes Mittelfeld, das den Charakter einer Nische hat

Kwas Bier als Bestandteil der Eiemulsion, das Bindemittel der Temperamaltechnik

Lastocki Schwalbenförmige Holzstücke zur Verbindung mehrerer Holzbretter

Lewkas Malgrund aus Kreide-Leim-Alabaster

Licnik Maler des Inkarnats und der Hände und Füße. Meistens wurde diese Arbeit vom Meister und Leiter der Werkstatt ausgeführt

Obras russischer Name für das Wort Ikone

Oklad Metallverkleidung einer Ikone, die Gesicht, Füße und Hände ausspart

Olifa Schutzschicht der Farben, meist Leinöl

Otmetki feine Striche zur Betonung der hellsten Stellen der Haut

Podlinnik Malerhandbuch

Pole Fläche des Ikonenrandes

Poliment gelber oder roter armenischer Ton, mit Leim oder Eiweiß versetzt, als Grundierung für die Glanzvergoldung. Im 18. Jh. wurde in Rußland auch eine Farbmischung aus Ocker, gebräuntes Siena und Umbra verwendet

Povoloka Stofflage auf dem Bildträger

Sankir braungräuliche Farbmischung als Grundfarbe für Gesicht, die Hände und Füße, ggf. auch das Haar *Silka*, die Stelle des Gewandes, auf die die hellste Farbe oder Gold (flüssig) als Fleck aufgetragen wird, von dem dann feinste Striche ausgezogen werden

Sponki Einschubleiste auf der Rückseite einer Ikone

Tabletki Kleinstikonen, besonders in Nowgorod hergestellt

Stichwortverzeichnis

Kursiv gedruckte Begriffe verweisen auf Ikonenabbildungen

Literaturverzeichnis

Von den Autoren sind unter dem Titel »Ikonen« bei folgenden Verlagen weitere Bücher veröffentlicht worden:

Vier-Türme-Verlag, Münsterschwarzach
Edition Atlantis, Schuler Verlag, Herrsching
Berghaus-Verlag,
Rombach-Verlag, Freiburg i. Breisgau

Weiterführende Literatur:

Caluwé, R.: Ikonenmalerei, 1984 Rosenheim, Rosenheimer Verlagshaus Alfred Förg

Dörner, M.: Malmaterialien und ihre Verwendung im Bilde. 16. Auflage 1985, Stuttgart. Enke Verlag

Kegelmann, K.: Ikonen-Malschule. Werkstoffe und Maltechnik. Eine Anleitung für die Praxis. 1989 Hannover, Verlag Th. Schäfer

Reclams Lexikon der Heiligen und der biblischen Gestalten. 1968 Stuttgart. Verlag Philipp Reclam jun.

Rothemund, B.: Handbuch der Ikonenkunst, 1966 München Slavisches Institut München

Wehlte, K.: Werkstoffe und Techniken der Malerei. 5. Auflage 1985. Ravensburg. Otto Maier Verlag

Christus Pantokrator (der Allherrscher)

Hl. Georg

Verklärung auf Tabor

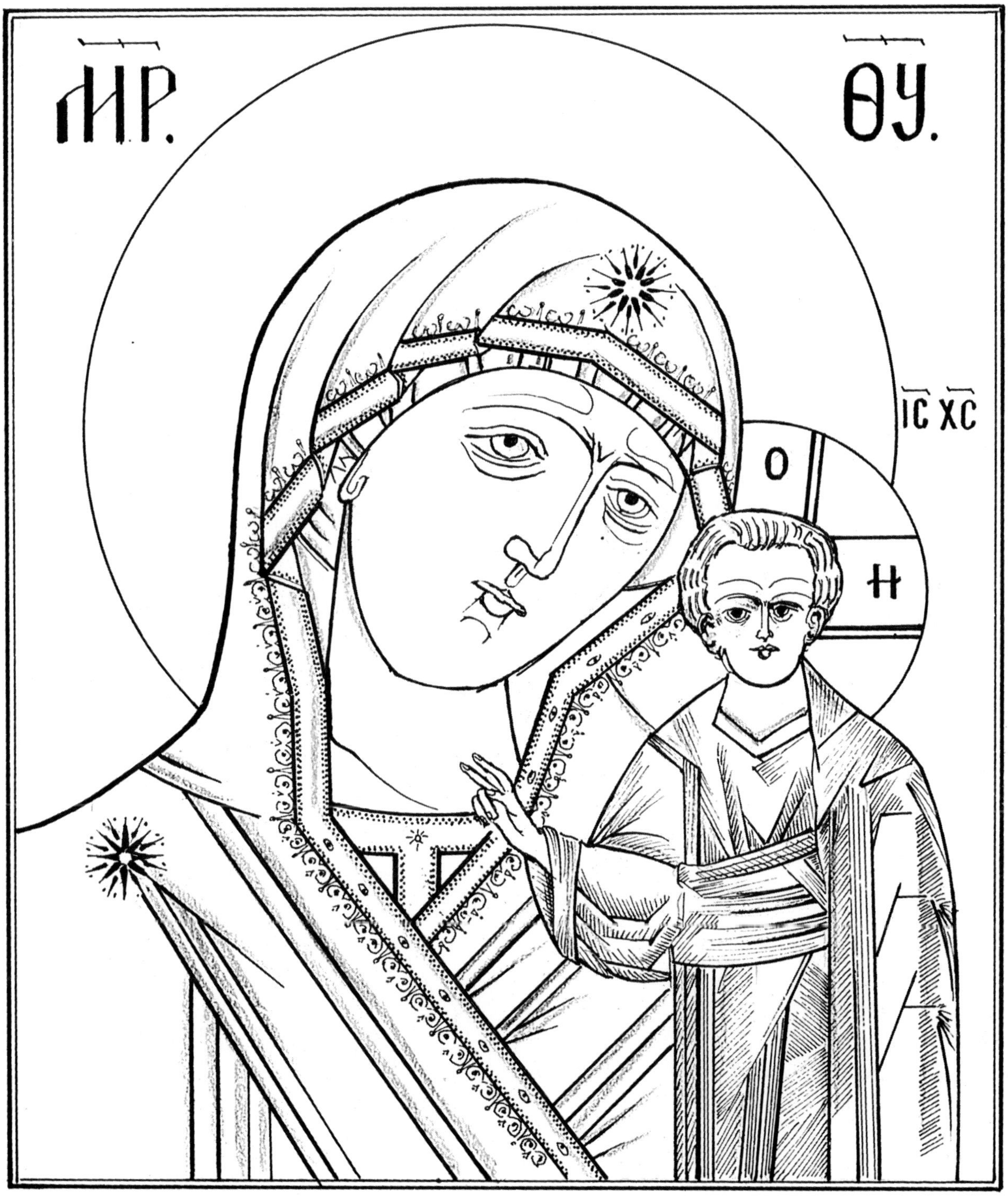

Gottesmutter von Kazan

Gottesmutter von Korsun

Gottesmutter von Vladimir

Gottesmutter Hodegitria

Engel-Ikone vom Berg Athos

Christus »mit dem nassen Bart«